I0092574

JAVIER URRA

DÉJAME EN PAZ...

y dame la paga

Aprende a escuchar a tu adolescente y enséñale a que te escuche

Cualquier forma de reproducción, distribución, comunicación pública o transformación de esta obra solo puede ser realizada con la autorización de sus titulares, salvo excepción prevista por la ley.
Diríjase a CEDRO si necesita reproducir algún fragmento de esta obra.
www.conlicencia.com - Tels.: 91 702 19 70 / 93 272 04 47

Editado por HarperCollins Ibérica, S.A.
Núñez de Balboa, 56
28001 Madrid

Déjame en paz... y dame la paga
© 2020, Francisco Javier Urra Portillo
© 2020, HarperCollins Ibérica, S.A.

Todos los derechos están reservados, incluidos los de reproducción total o parcial en cualquier formato o soporte.

Diseño de cubierta: Rudesindo de la Fuente - www.rudydelafuente.com
Imágenes de cubierta: Dreamstime.com y Shutterstock
Maquetación: Safekat

I.S.B.N.: 978-84-9139-561-4
Depósito legal: M-18653-2020

Los niños comienzan por amar a los padres.
Cuando ya han crecido, los juzgan,
y, algunas veces, hasta los perdonan.

Óscar Wilde

ÍNDICE

LO QUE APORTA VIVIR CON ADOLESCENTES

Adolescencia, un pasado que se desvanece,
un presente en cambio, un futuro imprevisible.

Platón hablaba de la adolescencia como «una etapa de excitabilidad excesiva». Aristóteles, como una de «carácter irascible y apasionado». Sócrates, «gusta de lujo y es maleducada». Hesíodo, «insoportable, desenfrenada y horrible». Erickson, «un estadio de moratoria psicológica». Y fue Rousseau quien la definió como un «periodo de desorden previo al nuevo orden».

Es un periodo inmoderado en sus deseos, de difícil autodominio, de incontenibles impulsos y de incapacidad en muchos casos para diferir gratificaciones. Se caracteriza por un desafío a las normas sociales, narcisismo, egoísmo y megalomanía. Una etapa vital de eclosión, de erupción, de incomprensión mutua; una, desde mi perspectiva, preciosa, de aventura psicológica, de búsqueda de lo inexplorado, de inocencia y sabelotodo, de ternura y respuesta arisca, de risas sin ton ni son, de postureo, de prepotencia y desvalimiento.

Los adolescentes se sienten el centro de atención, buscan el placer y la satisfacción de manera inmediata; tienen poca tolerancia a la frustración, son muy consumidores —en una estructura social consumista dirigida a ellos: modas, ocio, noche— y sensitivos —cuerpo, sonido, imagen—.

Te invito a pasar de las preocupaciones a las soluciones, a educar sin miedo, a relativizar los contratiempos.

> **La capacidad para precisar los problemas, para delimitarlos, los hace mucho más manejables.**

Convivir con un adolescente es una misión posible, partiendo de que gustan más de ser estimulados que instruidos, que tienen derecho a equivocarse, que su genio es vivo y su juicio débil. Eduquemos con ilusión y sin culpabilidad, cuidándonos a nosotros mismos para cuidar al adolescente. Desde el bello reto de educar, vamos a señalar los valores esenciales que hemos de transmitir, destacaremos lo que de positivo aporta vivir con adolescentes y también plantearemos qué esperan ellos de nosotros.

Desde estas páginas desterraremos miedos y mitos, y aportaremos las claves para comunicarnos desde la tranquilidad y la seguridad. Abordaremos los objetivos que plantea la adolescencia en la sociedad actual, y cómo empatizar, comprender y ayudar, al tiempo que se gestionan los seguros conflictos.

El desafío está en fomentar su autonomía personal, su libertad, a la vez que se establecen límites que han de ser respetados. Nos encaminamos hacia un adulto joven, veamos cómo evoluciona la mente de un adolescente y valoremos su identidad y personalidad.

Para terminar este prólogo, ¿qué pensabas, qué sentías cuando eras adolescente? Desde la primavera de mi vida hasta el otoño de la misma, siempre he estado con adolescentes, tratado a adolescentes, reído con adolescentes, llorado con ellos. Son varias generaciones. Me han interesado, los he escuchado, observado, hablado. En despachos, en acampadas, en colegios, en residencias. Normalizados, traumatizados. Una vida. Escribo sabiendo de lo que hablo. La adolescencia ha sido, es y será mi pasión como psicólogo y como persona.

1
EL AYER Y EL HOY
DE LA ADOLESCENCIA

Abramos la ventana del presente
para dejar entrar el aire del futuro.

No hace tanto que la infancia se dilataba y, sin embargo, la adolescencia era una fase breve, intensa, de erupción, justo antes de desempeñarse como aprendiz o ponerse a trabajar, u otros iniciaban el estudio. Digamos que estaba muy acotada en el tiempo, hablaríamos de los catorce a los dieciséis años. Añádase que antes la autoridad ostentada por los adultos era muy marcada, ya fuera en el hogar, en la escuela o en el trabajo. Hablamos de épocas de austeridad y a veces de penuria donde los hijos, en muchas ocasiones, debían ayudar a la supervivencia de los miembros familiares. Es más, al abandonar la adolescencia, el joven se incorporaba al servicio militar y, o bien se quedaba en las zonas rurales cuidando las tierras y el ganado, o emprendía camino a las grandes ciudades.

La presión social que se ejercía sobre la ciudadanía obligaba a los adolescentes a tener unas conductas calladas o, en todo caso, expresadas a la sordina. Y es que la potestad primordialmente del padre era, en general, incuestionable e innegociable.

No olvidemos recordar que el cinturón y la zapatilla se utilizaban con bastante frecuencia para atemperar las conductas disruptivas, pues la rebeldía no entraba ni en la forma de pensar. No negamos que existiese la adolescencia, pero sí atestiguamos que pasaba en un espacio temporal breve y conductual poco agudo.

Durante siglos los adolescentes se obsesionaban con ser adultos; en este la obsesión se ha invertido. En la actualidad, el tiempo de la infancia se ha acortado sobremanera, y, por el contrario, el de la adolescencia, que se inicia muy pronto, se ha alargado de forma casi indefinida. Hoy podemos hablar de adolescencia con doce años y llegar a más allá de los veinte.

La pubertad está comenzando mucho más temprano —la edad de inicio en niñas y niños ha descendido tres años en el transcurso de los últimos dos siglos— debido en gran medida a las mejores condiciones de salud y nutrición. Bien es cierto que hasta los endocrinos están sorprendidos y preocupados por cómo baja la edad en que las niñas pudieran ser madres. El problema estriba en que una cosa es el desarrollo físico y otro bien distinto el emocional.

Según la Organización Mundial de la Salud, la adolescencia es el periodo comprendido entre los diez y los diecinueve años. Se clasifica en primera adolescencia, precoz o temprana, de diez a catorce años; y en segunda o tardía entre los quince y los diecinueve.

Algo que nos preguntamos hoy todos es cuándo acaba la adolescencia. Porque se está haciendo interminable. A su estiramiento contribuye una sociedad consumista que busca ya en los niños que compren o hagan adquirir, que usen y tiren. Añádase la dificultad para independizarse al no conseguir un sueldo digno y resultar quimérico vivir de alquiler.

El final de la niñez es prematuro, pues se está potenciando que los niños sean o parezcan adultos en programas de televisión, los *youtubers*. Pero es que, además, unos padres muy democráticos se encuentran a gusto conviviendo con sus hijos, si no entramos en detalles. Tanto es así que cuando los descendientes abandonan el hogar se habla del nido vacío. Ítem, los niños y adolescentes se sienten hoy empoderados, sujetos de derechos y conocedores de que son un tesoro numérico.

Antes existían familias con muchos hijos, y los mayores también ejercían una labor educativa y de control de los que ya se iniciaban en la adolescencia. La natalidad ha caído de forma dramática en España, y son muchos los niños que, además de hijos únicos, son hijos solos, que eso sí, tienen padres, abuelos y en ocasiones bisabuelos.

Los adolescentes actuales comparten el cariño y los recursos de los padres con cada vez menos hermanos, siendo cada vez más también el número de divorcios. Por eso las redes de amigos han de suplir el apoyo y solidaridad que antaño proporcionaban los hermanos.

Conocemos casos en que los niños son gemelos —algo que ha aumentado estadísticamente por causas obvias— y que ejercen como adolescentes en estéreo, lo que no se le ocurre a uno se le ocurre al otro, y emplean la técnica de tenaza para conseguir el objetivo. En una sociedad donde los padres abdican ocasionalmente de su obligación de imponer criterios, unos horarios de ocio perturbadores y antinaturales agravan la convivencia.

Pero no hemos de poner el foco y la preocupación y la crítica solo en los padres, sino también en la sociedad, en el legislador, en quien no hace que las normas se cumplan —y estoy pensando en la permisividad con el alcohol, en el hipócrita mensaje de «juega con responsabilidad» que desemboca en ludopatía, etc.—. Como sabes, se ha designado esta época como líquida, bien pudiera definirse como gaseosa. Y es que la incertidumbre nos rodea, las dudas nos corroen, y pareciera que las tradiciones se tambalean. Se calcula que tres de cada cuatro jóvenes romperán con sus parejas, algo que ya acontece en gran medida a sus padres y que genera debates, choques judiciales y mucho estrés. Pero, además, los puestos de trabajo tampoco están garantizados, y todo ello hace vivir el presente sin una garantía de futuro.

Antiguamente educaban los padres y la escuela, pero hoy también lo hacen los medios de comunicación y, cómo no, la denominada red. Los padres manifiestan que la forma en que fueron educados no les sirve para educar a sus hijos hoy y aún menos para el mañana. En fin, y como hemos dicho, que la adolescencia se extiende en el tiempo y se muestra mucho más virulenta, tanto en chicas como en chicos.

Las chicas son más vulnerables a sufrir depresión y ansiedad. Los chicos tienden a implicarse en conductas agresivas.

En 2019 los jóvenes como colectivo se consideraban «tecnológicos, trabajadores, responsables y honrados». Además, hay unos porcentajes claros respecto a sus prioridades en las relaciones. Los de quince a veinticuatro años estiman la familia como lo más importante en el ochenta por ciento, y los amigos, en un sesenta por ciento. El lugar donde se hablan las cosas esenciales es en la familia en un sesenta y uno por ciento, siendo con los amigos en el cuarenta y ocho por ciento. Los adolescentes valoran en los amigos la confianza, la lealtad y la capacidad para hablar con libertad. También la empatía.

El cuidado del perfil *online* es primordial para los adolescentes, dado que el número de «me gusta» permite cuantificar relaciones y vínculos. También consideran la comunicación y, específicamente internet y las redes sociales, como un valor. Entienden que «todo el mundo está siempre en la pantalla».

El uso de las redes sociales es la actividad que utilizan más los jóvenes en internet, junto con YouTube, sobre todo en este caso los de menor edad. El ochenta y ocho por ciento utiliza a diario la red —primordialmente para enviar y recibir correos electrónicos, así como para participar en redes sociales—. Un trece por ciento muestran una clara dependencia comportamental en su empleo. Un veintitrés por ciento, una conducta abusiva. Un treinta y uno por ciento, señales de riesgo. Casi un cuarenta por ciento cabe calificar como problemático. Un veinticuatro por ciento mostró riesgo en los videojuegos. Pero hay más, y tiene que ver con el control. El cuarenta y uno por ciento de los jóvenes revisan el móvil de sus parejas, vigilan todo lo que hacen. El treinta y nueve por ciento dicen que han oído a algunos de sus conocidos que pegan a sus parejas. Todas estas formas de violencia son más reconocidas por las chicas que por los chicos.

El nueve por ciento de las chicas de catorce años admite haberse emborrachado en los últimos treinta días. Mientras que la cifra de chicos de su misma edad es del seis por ciento.

TIEMPOS DE INSEGURIDAD E INCERTIDUMBRE

Para los varones el principal peligro es verse inmersos en peleas, en robos, etc., mientras que para las chicas el principal peligro y miedo es el sexual, expresamente la violación o cualquier tipo de abuso o agresión. Consideran que hay libertad de expresión y formas de mostrarse, pero que «tecnológicamente dejan huella». Entienden que están comprometidos con la lucha de igualdad de género, la conciencia medioambiental y la asunción de la diversidad, con independencia de la coherencia o no.

En las relaciones sentimentales expresan que no tienen ni voluntad ni preparación para asumir compromisos, y se manifiestan a gusto con vínculos de experimentación, libertad y diversión. El noventa y seis por ciento de los adolescentes de quince a diecinueve años sostienen que nunca ha tenido una pareja.

Verbalizan que les cuesta hablar de sentimientos —ellas lo hacen mucho más—, y que cuando lo hacen pueden ser observados con extrañeza. El sesenta por ciento ha mantenido relaciones sexuales completas antes de los veinte años. Y la primera se tiene de media a los diecisiete. El ochenta y cinco por ciento afirma haber utilizado algún método anticonceptivo o profilaxis en su última relación sexual completa —el anticonceptivo más utilizado es el preservativo—. Y el cinco por ciento confiesa haber tenido algún embarazo no deseado.

El veintiuno por ciento de las adolescentes ha sufrido violencia de control de pareja o expareja en los últimos doce meses.

Ven el futuro con optimismo un sesenta y siete por ciento. El noventa por ciento usa a diario internet para comunicarse, obtener información, jugar o descargar juegos, películas o música.

El sesenta por ciento de los jóvenes aceptaría cualquier tipo de trabajo, dato significativo que nos señala la mala situación en que se encuentra este colectivo. Además, solo el veintidós por ciento están emancipados. Y el noventa y uno por ciento de los adolescentes de quince a diecinueve años no lo están. Los que cuentan con un nivel educativo más bajo tienden a abandonar el hogar de origen antes.

Estudiar en España es comparativamente más caro que en la mayoría de los países de la Unión Europea, y el Estado ofrece menos ayudas que otros de nuestro entorno.

Los propios adolescentes confirman que colaboran poco en casa, y la mayoría no participa en las tareas domésticas, se implican cuando abandonan el hogar.

Al noventa por ciento lo que más les gusta es salir con amigos, escuchar música, usar el ordenador y viajar. El ochenta por ciento ven televisión habitualmente, un consumo de unas tres horas al día. De media disponen de treinta y un euros semanales, y las compras se centran en ropa, calzado, videojuegos, imagen y cuidado personal.

El cuarenta y siete por ciento salen por la noche, casi todos los fines de semana. De ellos, el treinta y siete por ciento regresan a casa entre las tres y las cinco de la madrugada.

En la adolescencia, el ocio nocturno se interpreta como ausencia de control adulto y goce personal.

El primer lugar de causas de muerte corresponde a tumores; el segundo, a lesiones autoinfligidas y suicidios; y el tercero, a accidentes de tráfico.

El cuarenta y tres por ciento consideran que el valor más importante es la igualdad. Los que creen que es la libertad alcanzan el cuarenta y uno por ciento. Mayoritariamente consideran que es el Estado el principal responsable y garante del bienestar colectivo.

Con respecto al asociacionismo de los adolescentes, tiene que ver con la participación en grupos deportivos, y a mucha distancia aparecen las organizaciones de carácter lúdico, cultural o de ocio.

Lo que los padres consideran problemático son los horarios nocturnos, el alejamiento de los adolescentes, la falta a veces de respeto, de obediencia, las exigencias económicas, las malas compañías, la forma de vestir, el desorden en el hogar, la falta de higiene personal y de cuidado, las broncas con los hermanos, la escasa colaboración en las tareas del hogar y la actitud de pasotismo. Y lo que más les preocuparía sería tener que afrontar el embarazo de una hija adolescente, la pertenencia a una secta y el consumo de drogas.

Los adolescentes viven en una situación en la que se habla de que los jóvenes sufren de paro laboral, este es un gran problema. Otro tema es el de una socialización que en gran medida se realiza de manera virtual a través de las nuevas tecnologías. No olvidemos que hay muchos entornos familiares donde el adolescente vive en una situación, califiquémosla, de «en precario».

Señalemos que la sociedad hace omnipresencia de los valores materiales en detrimento de los valores espirituales. Asimismo, no obviemos la aceleración del tiempo cronológico, que exige tomar decisiones con inmediatez, con escasa reflexión. Y las relaciones de género con un repunte de nuevo de un machismo en algunos adolescentes.

2

CARACTERÍSTICAS DISTINTIVAS
DE ESTA ETAPA VITAL

Dejemos a nuestros hijos lo mejor que hemos heredado,
y démosles la libertad para que ellos descubran
otros aspectos esenciales que donar.

L
a adolescencia no es una etapa necesariamente conflictiva; en general, los adolescentes se sienten bien. Por eso
nunca han de ser estudiados como entes solitarios, sino
formados en una realidad espacial y temporal, y que alrededor,
sin duda, está su psicohistoria, su familia, su contexto. Hay que
hacerles ver su importancia, su irrepetible unicidad, pero al mismo tiempo su insignificancia global, como cualquiera de nosotros frente al universo.

Es muy difícil, muy difícil, descifrar a los adolescentes, y
más su silencio. Decía Chesterton: «La adolescencia es una cosa
compleja e incomprensible. Ni habiéndola pasado se entiende
bien lo que es, un hombre no puede comprender nunca del
todo a un chico aun habiendo sido niño». Esta etapa de cambios físicos, sociales, psicológicos y emocionales se adelanta en
la edad a la par que, como hemos visto, se prolonga.

Los bebés son marcadamente dependientes, y es desde ahí y,
aun antes de nacer, cuando se genera un vínculo, un apego entre padres e hijos. Después el niño empieza a gozar de alguna

autonomía en la escuela, con los amigos, que desemboca en la adolescencia, una época siempre definida como tortuosa donde la necesidad de los demás es total.

El adolescente depende en gran medida de la aprobación de sus iguales, pero por otro lado tiene cuestionamientos íntimos, personales, no comunicados.

Todo ello debiera ensamblarse con las expectativas del colegio y de los padres. Digamos que el adolescente ha abandonado la niñez, pero no alcanza a ser adulto. Está desclasado, está desnortado, está, por tanto, desubicado, enfadado con el mundo, a veces consigo mismo. Vive con pasión, gusta de correr riesgos, en ocasiones es egocéntrico y sus reflexiones se basan en su corta experiencia.

Los adolescentes en dificultad social —por ejemplo, jóvenes extutelados, etc.— tienen un tránsito todavía más difícil a la edad adulta. Resulta entonces imprevisible para sí mismo, y cuanto más para los otros.

Seguramente has observado que tu hijo pasa del bostezo y estar «tirado» a la acción frenética. De la alegría irrefrenable a la tristeza que ahoga. Valora mucho la estética corporal, porque aprecia cambios físicos, estaturales, de vello, de órganos genitales, de voz. Y ese estallido hormonal precisa de alguna forma ser reconducido. Pero no te olvides que lo que un adolescente demanda, desde su inestabilidad emocional, es una pared contra la que chocar, y, como la hiedra, en la que apoyarse para crecer.

En la adolescencia los hormonados impulsos procedentes de la amígdala campan a sus anchas, pues se encuentran con las lentas neuronas de la corteza cerebral, sin mielinizar todavía. Ten presente que es a los veintitrés años cuando se alcanza la madurez neurológica, con el desarrollo completo de los lóbulos cerebrales frontales y la corteza prefrontal. Ten en cuenta también que es la sede de los procesos mentales superiores: planifica el comportamiento, prevé las consecuencias, elige los recuerdos, regula la conducta social, frena los impulsos procedentes del sistema límbico y ayuda a reflexionar antes de actuar. Digamos que es el director de escena.

LA IMPORTANCIA DEL GRUPO Y EL DESAPEGO DE LOS PADRES

Los adolescentes poseen una gran rapidez mental, una gran velocidad de procesamiento. A las redes y a internet se debe una buena parte de esa reactivación en el ámbito de la política de los jóvenes. La mayoría realiza actos en su vida cotidiana que tienen como fin la protección del medioambiente.

En el desarrollo de la adolescencia la redefinición sexual y de género se convierte en un aspecto central. Han de asumir sus cambios físicos y hay que indicarles la necesidad de dormir más, pues el reloj del sueño se retrasa en este periodo —quieren acostarse tarde y levantarse tarde—. Como por obligación han de levantarse pronto, duermen poco y acumulan irritabilidad. La melatonina, la hormona que induce al sueño, se segrega más tarde, a partir de la pubertad.

Los hábitos alimentarios de los jóvenes son anárquicos y, con frecuencia, impulsivos. Apetito desmesurado, ingesta de alimentos de preparación sencilla, consumo fácil y saciedad inmediata. Es una etapa de crecimiento y de incremento de peso, masa muscular y tejido adiposo. Necesitan energía, azúcar e hidratos de carbono. Precisan realizar ejercicio físico, y aporte extra de calcio, hierro, zinc y magnesio.

No les es fácil enfocar su mente en un trabajo —piensan en temas de amigos, de pareja, etc.—. Claro que tienen que hacer actividades extra, pero hemos de limitarlas en el tiempo, pues es de lógica que precisan estar con los amigos, aunque sea sin hacer nada especial, en lugares seguros y de confianza.

A esas edades resulta esencial satisfacer las expectativas del grupo de referencia. Muchos de sus mensajes de WhatsApp parecen notas secretas. Son dramáticos, irracionales y a veces con aire de megalomanía. Asocian su imagen con la aceptación y pertenencia al grupo. Les da pánico hacer el ridículo ante los amigos o compañeros.

> **Les importa mucho lo que digan de ellos, y es que en esta etapa el autoconcepto se encuentra a la deriva.**

Buscan códigos de identificación con su grupo de referencia —lenguaje, vestimenta, tipo de música, tatuajes, *piercings*…— y se identifican con sus ídolos musicales —sienten que la música es una forma de expresar su creatividad y sentimientos—. También marcan su territorio con pósteres y pasan más tiempo solos en su habitación, pero en contacto con sus amigos —mensajería de texto, etc.—.

Los chicos precisan comunicarse. Cuando los adolescentes hacen botellón, lo que hacen primordialmente es interaccionar entre ellos. Cosa bien distinta son las tribus urbanas, que aportan una identidad que, ejercen el papel de padre grupo. Están dispuestos a contribuir en actividades solidarias y resulta también positivo orientarlos a la reflexión sobre temas de trascendencia.

Quizás te sientas sorprendido por una actitud muchas veces de desdén, o quejicosa, o exigente, o egoísta o tiránica. Pero, además, sufrirás al ver que tu hijo —tu querido hijo— se encierra en sí mismo y dota de más valor la opinión de sus amigos que la tuya, a pesar de haberle traído al mundo, de haberle cuidado y de haberle protegido.

> **En la adolescencia se deja de ver a los padres como seres maravillosos.**

Ante una ternura rechazada, los progenitores no saben si estar encima del hijo o, por el contrario, dejarle mucho espacio, y buscan contemporizar y evitar choques y momentos desagradables, más cuando se está delante de otros ciudadanos o miembros de la familia. Contacta con otros padres para ver cómo se desempeñan, sería bueno que estuvieras en comunicación con los profesores de tus hijos y entablaras conversación en lo posible con sus amigos, pues se trata de conocerles en los distintos ámbitos y lugares, de ocio, de estudio, y no solo del hogar.

Esta es una etapa en la que los padres, y, sobre todo, en verano, esperan tan desvelados como preocupados a que sus hijos vuelvan de la fiesta, fiesta que en los pueblos conlleva que los lleven y los recojan. A veces hay acuerdos entre varios padres; unos los llevan, otros los recogen.

Has de conocer también a los padres de los amigos de tu adolescente. No es necesario ser íntimos, pero sí aliarse en favor de la racionalización de horarios y actividades. El adolescente trata de diferenciarse de lo tradicional, pero lo hace buscando un grupo con el que identificarse, al que pertenecer, reconvirtiéndolo en sentimiento de pertenencia, de familia.

Debes conocer igualmente a los amigos de tu hijo: invítalos a casa, recógeles tras la fiesta, llévalos a partidos deportivos, a conciertos. Escúchalos.

Los amigos son muy importantes, pero no reemplazan a los padres cuando se trata de cuestiones para ellos vitales. No puedes elegir a los amigos de tu hijo, pero sí con anterioridad las actividades de estos, que es donde los encontrará: el colegio, las acampadas, el teatro, pertenecer a una orquesta, practicar un deporte, etc. Más allá de las pantallas, a los adolescentes les gusta quedar, salir, hablar, estar juntos.

Habla sobre la amistad, la diferencia abismal entre ser amigo, compañero o colega. Ten presente que buena parte de los comportamientos de riesgo acontecen con el grupo de amigos, por tanto, es esencial fortalecer su asertividad, su capacidad para resistir las presiones de grupo, a veces insanas o claramente atentatorias contra las normas familiares o los valores que quieres transmitirles.

La presión del grupo de amigos para un adolescente es muy fuerte, y, por tanto, has de anticipar posibles situaciones, hablarlas, plantear alternativas y salidas, y ayudarle a sentirse más seguro para afrontarlas.

Cuando las actividades, los horarios o el lugar no son adecuados para tu hija o para tu hijo, por el riesgo evidente para su seguridad o para su salud, di categóricamente no y de manera innegociable.

Claro que supervisar las actividades, los horarios y los amigos es necesario. Tiene que ser consciente de que vas a intentar saber desde la confianza qué está haciendo y con quién lo está haciendo, pues no dudes de que resulta preventivo, ya que se implicará en menos actividades de riesgo. Y si desconfías de alguno de sus amigos, has de transmitir tus percepciones, las razones, limitar los tiempos y las actividades con ese o esos amigos.

Todo adolescente debe tener un verdadero amigo, una verdadera amiga, que lo es del alma, que es insustituible. Quien no tiene un amigo verdadero, debe ser motivo de preocupación.

Los adolescentes a lo que tienen miedo es a la exclusión, a ser señalados por la mayoría como distintos. Fíjate si es así, que a muchos progenitores no les gusta tener un hijo con comportamientos o conductas que sean excepcionales.

De los padres esperan respeto, que mantengan la distancia óptima, que los trasmitan equilibrio y seguridad, que les den buen ejemplo, que les apoyen y los escuchen, que les indiquen cómo afrontar la realidad, los conflictos, cómo anticipar los acontecimientos. Solo el veinte por ciento de los adolescentes cuenta sus problemas o preocupaciones a sus padres.

Podríamos definir a los adolescentes como el cristal, duros, pero frágiles. Quieren querer, pero no saben cómo. Quieren ser atendidos, pero también estar aislados. Quieren que se respete su intimidad, que se les deje respirar, que se les deje vivir.

Es en la adolescencia cuando se capta por primera vez la vulnerabilidad.

Además, y desde hace un tiempo, se ha corrido la voz de algo que, sin ser cierto, se le da carta de naturaleza, y es que un menor es un intocable. Y algunos de ellos, desde esa patente de corso, abusan de sus padres sin darse cuenta de que al hacerlo también se dañan a sí mismos.

Hay un aspecto nuclear que se refiere a la sexualidad de los adolescentes, y es que en ese paso de la niñez a la edad adulta brota la sexualidad de forma imperiosa, ya sea individualmente o en pareja. Por supuesto es un derecho, pero que debe utilizarse desde el conocimiento de los riesgos, como son las enfermedades de transmisión sexual, o la utilización por parte de adultos, o unir sexo y violencia o procurar embarazos no deseados.

No sé si sabes que uno de cada cuatro adolescentes que mantienen relaciones sexuales no utiliza anticonceptivos. En los barrios más deprimidos, el número de embarazos adolescentes comparado con los barrios ricos se multiplica por cuatro. Es la falta de educación sexual y el escaso uso de los métodos contraceptivos los que explican una tasa elevada de abortos entre jóvenes.

Los adolescentes nos mantienen a los adultos actualizados en lo que a la tecnología, música y moda se refiere, y también aportan de manera positiva a la familia su alegría, su ilusión, su humor. La verdad es que te ríes mucho con ellos. Su ternura, esos momentos sensibles, cariñosos que añaden ese puntito que aún les queda de niños. Su capacidad para debatir, el equilibrio que confieren al tener intereses distintos a los que son propios de nuestra edad, y desde luego no negaremos el compartir momentos cálidos de comidas, de salidas, de viajes. Tienen menos prejuicios que sus padres, poseen una gran energía —a veces—, son críticos con el mundo, viven con mucha intensidad y son sentimentales y creativos. En la adolescencia es fácil encontrar la inspiración. Son, en general, tolerantes. Les encanta, pese a lo que pudiera parecer, hacer cosas en familia.

En la adolescencia hemos de querer a quien más lo necesita cuando de verdad menos lo merece.

Tipologías de adolescentes

Hay algunas, podríamos decir, «tipologías de adolescentes», por ejemplo: los huidizos, los introvertidos e indescifrables. Estos están desconectados, normalmente con cascos de música, esconden sus cosas, se refugian en su cuarto. Son esos que sus padres dicen «la verdad es que no sé qué piensa y realmente no sé conocerle, me preocupa».

Otros serían los cien por cien grupales, los que viven para y por los colegas, y se activan solo con ellos. Son indescifrables para los adultos y parece que conectan y están en sintonía con sus iguales.

Están los maltratadores de los hermanos pequeños o también pueden serlos de la madre. En ese caso, generalmente, es que el padre varón está desaparecido. Son esos jóvenes que gritan, que golpean, que insultan, que vejan, que se dejan llevar por un carácter irascible y les funciona.

Otro grupo sería el de los psicopáticos. Son esos que desde niños aprendieron a ser insensibles, lejanos, duros, digámoslo sinceramente, a deshumanizarse. Su principio filosófico es «primero yo, luego yo». Mantienen esa actitud tiránica, dictatorial, distante, incapaces de empatizar, de mostrar afabilidad, ternura, de transmitir sensibilidad y de pedir perdón.

Otro problemático sería el de los drogodependientes. Desde el que va a consumir habitualmente droga, que busca un euforizante o drogas de síntesis, hasta el consumidor de alcohol de tipo nórdico; es decir, de alta graduación. Al final, lo que busca es alejar la consciencia de lo que le rodea.

Un grupo más sería el de los enganchados a, pudiera ser, el ordenador o el teléfono móvil, y los que se inician en la ludopatía y los compradores compulsivos. Y para finalizar este pequeño repaso, también tenemos al adolescente con graves problemas de conducta, a veces, no siempre ni mucho menos, afectado de una enfermedad mental.

3

NOS QUEREMOS, PERO NO NOS
SOPORTAMOS

Mi hijo ya es adolescente.
He tenido una charla sobre sexo con él,
y he aprendido mucho.

No deberíamos hablar de adolescente problemático, sino de familia con problemas. En un hogar con uno o más adolescentes se impone, en ocasiones, la incomprensión como axioma. A veces, los gritos, la discusión. Otras, unos silencios clamorosos. Cuando no portazos y momentos duros y difíciles.

Las discusiones nacen de unas familias que educan en modelos sobreprotectores o de autoritarismo, cuando los padres que han sido los entrenadores de sus niños en todo momento y lugar son despedidos por los adolescentes. Estamos hablando de un seísmo relacional, de un tsunami vivencial, pues padres e hijos deben compartir los mismos espacios, generándose en algunas situaciones una relación tóxica, cuando no injusta, que deja heridas y secuelas no siempre imperceptibles.

Hablar «de padre a hijo» cuando ya han surgido los conflictos no siempre da resultado. Intentar seducirlo, buscar su complicidad, es lo que menos precisa y en el fondo desea. Esta tonta actitud les impele a huir, a liberarse de tan equívoca relación.

Si hablamos con los adultos, nos dirán que su hijo o hija se mantiene en un reto permanente, que habla mucho de derechos, pero que no conoce el significado de los deberes. Que no contribuye a las labores del hogar, que hay que seguirles y perseguirles con los horarios, con la higiene, para que bajen la música, para que piensen en los demás. Y sí, el tema de derechos y deberes es una piedra de toque, donde han de confluir los de todos, ya se sea niño, adolescente, maduro o anciano. Las normas deben haber sido explicitadas con afecto y antelación, y han de hacerse realidad, aunque conlleve imponerse desde el criterio de que una familia no es una entidad democrática, sino que hay unos adultos que cual directora de orquesta o capitán de barco dirigen y toman decisiones.

No se trata de negociar, pero sí de dialogar sobre las normas y límites, de forma y manera que se sientan concernidos en su elaboración y cumplimiento. Reserva la autoridad para los problemas serios y no temas ejercerla cuando haya que evitar algún peligro.

Los hijos no deben temer a los padres, pues un día podría volverse en contra, pero primordialmente porque eso no es querer ni educar.

Es triste escuchar que hay bastantes amenazas, cuando no denuncias, y aun otras lindezas, de hijos a padres, a veces como forma de chantaje para conseguir sus objetivos. Y también de padres a hijos desde una reconocida impotencia. Una cosa es deambular por el inseguro puente de la adolescencia y otra hacer que sea el respeto el que se tambalee.

La crisis de la adolescencia se agrava si vive la desestructuración social y familiar. La separación de los padres en esa etapa los desajusta y desequilibra mucho.

La sociedad es la que es, la realidad no es fácil de variar, pero encontramos familias donde se vadean bien esos periodos tumultuosos, mientras que otras dan paso al rencor y a la virulenta violencia.

La madurez de los padres es puesta a prueba. A veces y por distintas circunstancias el progenitor es uno solo, y si bien no agrava la situación, lapida aún más a quien la padece.

Sepamos y hagamos saber que somos como imanes, que en una posición se rechazan y en otra se atraen, y que cuando nos acercamos cual erizos, nos hacemos daño. Ciertamente existe la patología del amor, y es que en ocasiones se quiere mucho a quien no te muestra afecto —o incluso al que no se le muestra afecto—.

Sin dejarnos chantajear, analicemos los enfados. Tal vez son estrategias para salvaguardar su integridad psíquica, para ocultar el sufrimiento producido por la culpa o la vergüenza.

A los padres se les olvida que ellos fueron adolescentes y que hicieron más o menos lo que ahora hacen sus hijos.

Tenemos a hijos que agreden a sus padres, lo que se ha dado en llamar violencia filio-parental. Muchas veces no tienen obligaciones, no participan en ninguna actividad relacional, abandonan los estudios y son adolescentes muy duros emocionalmente, se disparan en psicopatía. La violencia les produce placer, son auténticos héroes del acontecer violento, puede ser en la familia, fuera de ella o en ambos lugares. No hagamos ahí un diagnóstico de corte vertical, son así, tiene que ser una realidad transversal. ¿Cuál es su pasado? ¿Cómo empezaron? ¿Y cuál es el futuro? ¿Cómo se ven ellos? Son esos chavales que les gusta ser el centro de atención sin importarles nada ni nadie, y que aprendieron años atrás, bastantes años atrás, a conseguir lo que querían. Suelen ser, pero no siempre, varones. Arremeten sobre todo contra la madre ya de una forma muy violenta a los doce años —de manera verbal, emocional, física, económica—, digamos que doman a los padres. Tienen escasa capacidad de introspección y de autodominio, rechazan el sistema y rechazan a la autoridad.

A veces, ya digo, son violentos con sus padres, pero también lo pueden ser con sus compañeros, con los profesores. En ocasiones los padres que tienen buen nivel sociocultural se sienten mal, tienen cierta, no se sabe por qué, culpabilidad de escasa atención temporal. Les invitaría a leer mis libros *El pequeño dictador. Cuando los padres son las víctimas* y *El pequeño dictador crece*.

4
FACTORES AGRAVANTES

Los adolescentes creen
que nadie puede comprenderlos.

H ay situaciones que, obviamente, dificultan una cir-cunstancia que ya de por sí no es fácil. Nos referimos, por ejemplo, a los padres ausentes, es decir, esos que siéndolo no tienen tiempo, no hablan, no escuchan, no convi-ven, de hecho, con sus hijos.

Otro factor agravante es el de los padres cuando estos están enfrentados entre sí, o lo están con los abuelos y otras figuras de referencia.

Los padres inmaduros, algunos parecieran adolescentes —en ocasiones hasta en su forma de vestir, relacionarse y ha-blar—, generan en sus descendientes un alto grado de neurosis, desde luego no facilitan que las normas educativas se cumplan, se interioricen, se generalicen, dificulta el proceso de autonomía del hijo.

Los padres no son, no han de ser,
ni colegas ni hermanos mayores.

Tenemos la impresión de que la autoridad se diluye, que hay muchos padres inmaduros que no asumen su papel. Que juegan a ser equívocos abogados de sus hijos, que se dejan chantajear por los adolescentes, que quieren comprar su cariño. Quieren hacer de un hogar una falsa democracia. Educan, quizás, para clientes en vez de para ciudadanos. Las consecuencias, niños egoístas, narcisistas, psicopáticos, cuyo criterio es primero yo y luego yo. Incapaces de aceptar la frustración, de diferir las gratificaciones. Su frase es ¡aquí y ahora! Son los denominados pequeños dictadores.

Compartimos que la sanción es parte de la educación. Que quien comete delitos, aunque sea adolescente, tiene derecho a ser castigado. Pero pocos se preguntan por la prevención, o lo que es igual, la educación, la correcta educación.

DISCIPLINA, VALORES Y VIRTUDES

Los adolescentes precisan psicológica y socialmente límites. Hay que reflexionar sobre lo que es lo correcto, hay que valorar cuál es su responsabilización y desde luego hay que anticipar las sanciones que se impondrán como consecuencia de su incumplimiento. Porque ellos saben que merecen la sanción, es más, a veces hasta de manera indirecta la demandan.

La disciplina debe ser equilibrada y se deben evitar los debates entre los padres generados por los hijos. Si uno recrimina y le sanciona y el otro le perdona, tendremos un problema, los padres deben educar en coherencia, y cuando no estén muy de acuerdo, hablarlo luego entre ellos.

Hay «adolescentes» de cuarenta y tres años. Los inmaduros crónicos tienen tan mal pronóstico como los vagos. Anticipemos que las constantes contradicciones en nuestras pautas educativas nos desacreditan. En cuanto a las decisiones, tras valorarlas y razonarlas, están para llevarse a efecto, para mantenerlas.

Entre los progenitores se generan pleitos, debates por temas como las sanciones, los horarios, por los permisos que les conceden a los hijos. Incluso hay parejas que se llegan a separar acuciados por los conflictos promovidos por estos hijos que tienden a «dividir para vencer».

Pero, además, nos encontramos con algunos adultos sin criterio que actúan según impulsos, según su mejor saber y conocer, desde un equívoco sentido común. Es más, pueden un día sancionar por lo mismo que otro no lo hacen, generando inestabilidad, inseguridad y hasta cierta indefensión aprendida.

En algunos hogares los valores y las virtudes son un espejismo. Si esto acontece en una sociedad donde dichas virtudes y valores a veces parecieran diluidas, tenemos un problema. No cejaré en mi compromiso de denunciar que hay progenitores que hacen clara dejación de funciones. Y es que ser padre conlleva en ocasiones decir que no, poner límites, en bien de lo que una visión cortoplacista y miope no alcanza a anticipar.

Hoy no es infrecuente encontrar a padres abducidos por el trabajo, bien porque es absolutamente necesario, bien porque es una excusa.

El hijo también necesita reconocimiento del padre. Sin este puede surgir cierto complejo de inferioridad que le dificultará la conversión de adolescente en un ser maduro.

Y no nos olvidemos de la pérdida de *auctoritas*, pues para educar hace falta dar buen ejemplo. Y si uno está tirado todo el día en el sofá cuando está en casa, o bebiendo alcohol, o no paga lo que debe a Hacienda, o se salta el *stop*, o no trata bien a sus padres que son los abuelos de nuestros hijos, esa pérdida de *auctoritas* incapacitará sin duda para educar correctamente.

> **Si los padres no atienden a las necesidades de los hijos, no es previsible que estos pidan ayuda cuando lo requieren, ni que les confíen sus secretos o problemas.**

Si nos vamos a separar como pareja, y cuando atisbemos la ruptura, preparemos cortafuegos, vayamos juntos a un mediador y no planteemos una guerra legal para derrotar al otro, para dañarlo en lo más profundo o utilizar de manera bastarda a los hijos.

Los adolescentes muestran una actitud negativa ante el planteamiento de la separación de los adultos, que sorprende a los padres y es absolutamente lógica, puesto que son los que más seguridad y equilibrio necesitan.

Cuando el padre o la madre aparecen en casa con su nueva pareja —su novia, su novio—, los adolescentes pueden tomar un comportamiento neutral, pasota o profundamente hostil. En todo caso, entienden que el vínculo bajo ningún concepto será filial, sino que se relacionarán desde la igualdad.

Es manifiesta la relación entre desestructuración familiar e implicación en situaciones de riesgo de los adolescentes.

Los abuelos son condescendientes con los hijos, pero piensan «ahora saben lo que cuesta ser padres».

Preguntémonos: ¿todos los padres están preparados para educar a todo tipo de hijos? Y quizás la respuesta sea no. Hay hijos que por circunstancias ya nacen con complejidad, con dificultad, que no son fáciles, que enganchan posiciones de rabietas, que son muy exigentes, muy negativistas, muy demandantes; en fin, hablamos ya de temperamento.

Los adolescentes no quieren padres blandos o sin criterio, sino con decisión, coherencia y constancia, porque de otra manera crecen sin normas, carecen de referentes para organizar su propia vida.

Cuando los padres no son referentes de utilidad, no son coherentes, no son funcionales, no son contenedores, están desconcertados, pues los adolescentes no tienen modelos para la construcción de su proyecto vital.

5

AFRONTANDO EL RETO

Precisamos padres
que sean adultos con autoconfianza.

Hemos de erradicar la profecía autocumplida, o los miedos a esa tormenta, a ese tsunami anticipado, o se harán realidad. Vislumbremos otras posibilidades, reconozcamos que en la adolescencia el entusiasmo es seña de identidad, lo cual no niega que en ocasiones caiga en dejadez, en pereza, en falta de motivación.

Nuestra actitud debiera ser la de instruir sonriendo, reprender con ternura, evitando la siempre incapacitante sobreprotección. Y es que hay un tiempo para madurar.

Los adolescentes quieren remover el mundo desde un estado de ánimo siempre variable e impredecible. Al fin, todos precisamos —ellos también— de esperanzas, de ideales, un sentimiento de trascendencia de la vida.

> **No basta con amar a los adolescentes, han de apreciar que se les ama, pues hay un sufrimiento callado o desplazado en los mismos.**

Disfrutemos de lo positivo, de sus talentos, de su energía y capacidad de diversión, de su gusto por probar cosas nuevas, de su ocasional ilusión por aprender. Ellos y nosotros podemos darnos oportunidades de crecimiento, siempre recuperando la complicidad en la comunicación. Importante, la escucha de los adultos. Actitud y lenguaje respetuoso.

Los adolescentes, en gran medida, siempre se han creído el centro del universo. Ahora algunos destacan en el cine, la música, la literatura; también lo hacen en defensa de la ecología. Además, la tecnología está de su parte. Hemos de escucharles y al tiempo hemos de decidir, ante conductas en las que la temeridad se hace presente o se juguetea con los excesos, muchos de ellos superfluos.

Una buena forma de establecer un canal de comunicación es interesarse por sus gustos. Desde una actitud serena y positiva ante cada reto, habremos de fomentar su autoconfianza. Y promover puntos de encuentro. Perciben que todos y en todo momento les están observando. Quieras o no, tu hijo adolescente sufrirá por deslealtades de amigos, por fracasos de amores, por obsesiones pasajeras. Se trata de que con apoyo arregle sus temas.

No solo comunicamos con palabras, podemos compartir un amanecer, visitar a la abuela con la enfermedad de Alzheimer, ir al fútbol o escuchar un grupo de música. No olvidemos que la calidez de los abrazos es fuente de energía. Y siempre desde la irrenunciable persistencia en los objetivos que queramos transmitir, en los que has de educar.

Los adolescentes no atienden a discursos largos. En ocasiones, lo escrito alcanza donde la voz no.

Claro que estudiar, recoger la habitación —que es su deber— les supone un esfuerzo. Además, muchas veces intentan imponer sus criterios y aprovecharse de las debilidades de los padres, esto lo debemos saber, pero no hemos de admitir un comportamiento hiriente o desconsiderado.

Dota a tu hijo de responsable autonomía, capta si se siente fuera de su grupo, valora si fortalece su asertividad, aprecia su grado de lealtad. Desarrollando su resiliencia, estarás desmontando riesgos. Propicia experiencias vitales para que de adulto sea independiente. Aprovecha las noticias para hablar de los temas de los que tratan —acoso escolar, sexo, consumo de alcohol— y para educar en igualdad. Hazlo de corazón a corazón. Disfruta de sus amigos, de su primer amor, teniendo siempre presente que eres su modelo. Edúcale para que sea crítico con los estereotipos sociales.

Hay luz al final del túnel. Se superará el chantaje emocional, se recobrará el control que pareciera haberse perdido. Quedarán en el pasado los trastornos de sueño, los trastornos de alimentación, las peleas por los horarios, por la higiene, por el consumo de alcohol u otras drogas.

Son muchas las preguntas que se formulan los progenitores en relación con sus adolescentes: ¿por qué mienten?, ¿por qué se encierran en sí mismos?, ¿por qué en ocasiones se muestran agresivos?, ¿serán acosadores, víctimas o testigos de acoso escolar?

Con tiento, los padres podrán encontrar cuál es el mejor momento para acercarse a ellos, para eso necesitaremos escucharles, y escucharnos. Habremos de ser siempre observadores para detectar conductas de riesgo como son las dependencias, las adicciones, la ludopatía, las autolesiones o la depresión, y otros sufrimientos como la desesperanza.

Las conductas de riesgo se han de diferenciar de las que son propias de los adolescentes, que por serlo les gusta vivir situaciones al límite para percibir su propia identidad, individualidad de las que son de riesgo cierto que bordean o juegan con la muerte.

Los adolescentes liberan una gran cantidad de dopamina, lo que les hace más proclives a actividades de riesgo. Por eso una de sus características es la facilidad para pasar con inmediatez al acto, a lo que se añade su sentimiento de inmortalidad.

Dentro de las emociones y sentimientos que parecieran a veces una olla a presión, se encuentra el compromiso con los amigos. Magnifican la importancia de su círculo de relación y de las redes sociales.

Las redes sociales e internet son herramientas fundamentales de socialización. Son parte de la trama vincular.

Si en esta etapa sufren pérdidas de seres muy queridos, pueden generarles aún más inestabilidad, por tanto, habrá que estar atentos a cómo elaboran ese duelo.

Junto a los padres hay otros agentes socializadores fundamentales, destaquemos entre ellos los abuelos, los tíos, los profesores que podrán coadyuvar en la educación. Como hemos visto, es necesario destacar en esta etapa vital la importancia de la presencia del padre y tener en cuenta en los casos de padres separados el rol que ejercerá la nueva pareja.

6
EDUCACIÓN PREVIA (EDUCAR-NOS)

*Llama la atención que cuando el hijo abandona
el hogar de los padres lava la ropa, hace la compra...
A eso le llama liberarse.*

L os incendios de verano se previenen en los inviernos, limpiando la maleza, realizando cortafuegos, al igual los vientos huracanados de la adolescencia se combaten con una educación correcta en la niñez, de esta forma se atemperará la virulencia, sin erradicar que acontezca.

Siempre he transmitido el criterio de que hay que educar a los niños, y a los adolescentes, desde el respeto, que hay que plantearles preguntas, dilemas, para que piensen, para que reconviertan sus emociones y sentimientos. Interioricemos, que la gestión de las emociones, la reelaboración en sentimientos, anteceden a la incorporación de valores de aprendizajes académicos.

Somos sabedores de que los sentimientos son material inflamable, precisamos, por tanto, alfabetización sentimental y mostrar las salidas de emergencia. Por cierto, que el sentido del humor exige esa capacidad de abstracción y también de relación, traspasa los objetos, los momentos y aun la realidad.

> Quizás no seamos creadores de nuestras emociones, pero somos responsables de su dominio.

Se habla mucho de inteligencia emocional, ¿a qué nos referimos? A la capacidad para reconocer sentimientos propios y ajenos, y la habilidad para manejarlos. Los adolescentes han de aprender a reconocer y manejar los inaprensibles sentimientos, las intangibles emociones. A convivir con la memoria afectiva, sabedores de que siempre reviviremos como se nos hizo sentir. Hemos de formularnos la que será nuestra última pregunta y compartirla con nuestros hijos: ¿para quién he vivido? Hablamos del final de una vida e interrogándonos casi al inicio de la misma. Pero es importante tener un objetivo, una razón existencial, una causa. Luego habrá que levantarse día a día, pero tendremos un horizonte, una meta, el resto será un camino por recorrer. Y los niños y los adolescentes agradecen que se les hable, como decía, con respeto, valorando su capacidad de comprensión, de elaboración y de respuesta.

PREPARARLES CON CRITERIO SIN OCULTARLES LA VERDAD

Si algo hay que transmitir a los hijos, es el ser agradecidos a los que nos han antecedido, a los que nos acompañan, a los que nos continuarán. Ser agradecidos a nuestros padres, es decir, a sus abuelos. Esta será la forma en que puedan agradecernos haberles traído a la vida, una vida que no es fácil, una vida que no es justa. Una vida a veces que es ingrata, a veces dura, a veces incomprensible. Sí, el mundo no es un parque temático, la vida no es Disney. Preparémosles, por tanto, para afrontar los socavones existenciales, hagámosles resilientes, adaptables, flexibles.

> **No hay que ocultarles que existe la enfermedad, la tristeza, la melancolía, la depresión, que la vida no es justa, porque solo así podrán volver a mirar la vida cuando les golpee cara a cara.**

Compartamos con nuestros hijos el optimismo y la esperanza, elementos esenciales para vivir, para dejar vivir, para compartir la vida. Dice un proverbio chino que si vas a hacer un túnel en la montaña empieces por los dos lados; si se une, tendrás un túnel; si no, tendrás dos. Este es el criterio: pensar, sentir, hacer.

Y junto a todo ello destaquemos lo importante que es el humor, prueba inequívoca de inteligencia. Demos ejemplo de la sana costumbre de reírnos de nosotros mismos, genial reírse con alguien, terrible reírse de alguien. Y es que quien ha perdido el sentido del humor y la capacidad de reírse de sí mismo es un ser peligroso, pues ha olvidado lo esencial: la humildad.

Por otro lado y desde la psicología sabemos que pensamiento y lenguaje van de la mano. Que hay que tener riqueza verbal. Que hemos de utilizar el lenguaje como imán prosocial, como colchón afectivo. Que siempre debe haber un diccionario que consultar. Gustemos de la palabra bien dicha. Y es que no hay más pensamiento que el lenguaje, nos lo enseñó Vygotsky.

Como hemos dicho, aprovechemos las noticias, los sucesos, para comentarlos con nuestros hijos, para escuchar sus opiniones, para dialogar, para conocernos. Formemos en la necesaria capacidad crítica, y autocrítica, mucho más allá de las modas, formémosles para poner filtros a la información para en la medida de lo posible contrastar la veracidad, la fiabilidad de lo que se nos transmite. Hagamos entender que somos naturaleza. No es que ayudemos a la naturaleza, no es que la preservemos, es que somos naturaleza. Vayámonos de acampada, paseemos por el bosque, escuchemos el silencio, caminemos, miremos a las estrellas, encontrémonos a nosotros mismos en el cosmos, en el mundo, en lo que nace y muere.

El perdón, la incertidumbre y la confianza

Aprendamos y enseñemos a perdonar, a dejarse perdonar, a perdonarse, es esencial para reconciliarse. Perdonar desinfla la ira, la cólera, la hostilidad, hay que enseñar a entender que nos sentimos las más de las veces ofendidos, pero la verdad es que en ocasiones somos los ofensores.

En la vida hay situaciones, conductas, personas que nos hieren, pero si bien es difícil olvidar, pues quizás no esté en nuestra mano, sí lo está perdonar. Practiquemos.

Dotemos y dotémonos de razones de vida. Hablemos de lo esencial. Puesto que cuando nos referimos a los adolescentes, hemos de plantearnos cómo somos nosotros, cómo fuimos educados, qué miedos nos acompañan, cuáles son nuestras sombras. Déjame en este punto formularte una pregunta muy fácil, y una muy difícil; la fácil dice: a partir de hoy tú no puedes comer pescado o carne, ¿qué elegirías? La difícil cuestión: a partir de hoy, o nadie te quiere, o tú pierdes la capacidad de querer,

¿qué elegirías? Estos son aspectos esenciales de quienes somos y cómo nos gustaría ser, y es desde ahí donde hemos de educar a nuestros hijos.

Aprendamos también y enseñemos a manejarnos con la incertidumbre, a encontrarnos con la duda, pues tres de cada cuatro de nuestros niños se separarán de su pareja a lo largo de su vida y muy posiblemente cambiarán varias veces de trabajo, y más que probable habitarán en distintas ciudades. Un mundo cambiante, un mundo que se definió como líquido requiere manejarse como decíamos en la incertidumbre, pero como todo en la vida hay que planteárselo, hay que practicarlo, hay que anticiparlo.

Resituémonos. Lo importante es el Tú, y en todo caso el Nosotros. Este tema es fundamental, insoslayable, pues esta sociedad es yoica, pareciera que estamos siempre jugando al yoyó. Y repito, lo importante es el Tú, los otros, hasta numéricamente. Es así como hemos de educar, ahora que tanto hablamos de la empatía, de las neuronas espejo, de ponerse en el lugar del otro.

Gustemos de la belleza, ya venga de la mano del ser humano o de la naturaleza. No pasemos por la vida sin apreciar lo bello, lo artístico, ganaremos un mundo mucho más rico, mucho más pleno, mucho más explicable en sí mismo.

Fortalezcamos el autodominio, el autocontrol, apoyemos la libertad en la responsabilidad.

Aquí hay algo muy exigible, que es la confianza, que no se quiebre, que no se ponga en entredicho. Anticipemos que preferimos los hechos crudos a la mentira, al desplazamiento de responsabilidades, puesto que la confianza, una vez se quiebra, no es fácil de restaurar. Lo que más valoran los adolescentes en la comunicación es la confianza.

Si ves que tu hijo emplea la mentira de una forma calumniosa, debes hablar con él porque, normalmente, o hay una equívoca competitividad, o hay celos; en fin, más allá de que intente preservar su universo íntimo, debes tratar con él un tema tan indigno.

Inculquemos valores transcendentales que les faciliten el autoconocimiento y el autodominio. Mostremos amor a la lectura, al aprendizaje. Pasión, si se puede, por el estudio, este será el antídoto para evitar en lo posible la estupidez que nos es propia. Aprender es un lujo que nos puede acompañar desde que llegamos a la vida hasta que nos despedimos de ella.

Asumamos la transcendencia del esfuerzo, fortalezcamos la voluntad. En la vida hay ocasiones, las más, en que hemos de cooperar, pero también otras, no nos engañemos, en que hay que competir. La voluntad, la perseverancia casi lo puede todo.

Acostumbrémonos a formular y a formularnos dilemas éticos, quizás un adolescente no pueda dar respuesta a algunos como el que trata de la eutanasia, pero estimo que haremos bien en hablar con ellos de temas que, siendo difíciles, son centrales para la vida, para la muerte, para la dignidad.

Plantear dilemas es una forma de compartir interrogantes, de invitar a pensar, de establecer un lazo de compromiso, de respeto, de interés.

El deporte y la imaginación

Naturalmente que hay que practicar deporte, bien está ir a ver partidos o saltos de hípica, pero también lo es el practicar deporte, el ponerse objetivos, el disfrutar, el ganar y perder. El ochenta por ciento de los adolescentes no realizan el ejercicio físico mínimo recomendado. Al fin, los adultos también tenemos que aprender que nuestros hijos, a los que llevamos de pequeños en brazos, un día nos ganarán en muchos aspectos, entre otros el del deporte.

Si, por ejemplo, decides ir los sábados con tu hijo a la piscina a las nueve de la mañana, estarás generando una estupenda relación, que no dudes, os unirá mucho más, pero es que, además, le permitirás tener mentalidad deportiva, sana, y, por tanto, sus horarios de ocio nocturno serán más restringidos y más acordes con lo que es preceptivo en favor de la salud.

Algo que no puede olvidársenos es estimular la imaginación. Posicionémonos desde una visión global, poliédrica, abierta, propiciemos la creatividad, las ideas en los planteamientos, en las acciones. Dejémonos sorprender positivamente por algunas propuestas que nos hagan nuestros adolescentes. Y discriminemos lo que está bien de lo que está mal. Señalemos que hay frases que son marcadamente racistas y anteceden a conductas peligrosísimas. No todo es válido, no lo es la corrupción, no lo es la prostitución, y que quienes han militado, por ejemplo, en grupos terroristas, no pueden darnos jamás una clase de moral o de ética. Trasladamos por ello a nuestros hijos que dar la vida por alguien puede estar bien; quitársela, categóricamente, radicalmente, está mal.

Gustemos de la fantasía. En los niños, la ilusión es mágica, en los adolescentes, utópica. Precisamos tener los pies más en la tierra que en el suelo, pues provenimos de la tierra y a ella volveremos. Pero junto a ello el ser humano precisa de fantasear, de evadirse, de suponer, de imaginar. Y unamos estos aspectos con otros que ya hemos señalado, por ejemplo, ver películas con nuestros hijos del tipo *Campeones*, nos abre la puerta a hablar de las personas con discapacidad y de la dificultad cuando no imposibilidad para alcanzar la plena inclusión, lo cual no anula la mayor y mejor de las integraciones. La de *El Bola* nos muestra de manera irrefutable lo que es el maltrato a la infancia, y otras como *Te doy mis ojos*, de Itziar Bollaín sobre la terrible y repudiable violencia machista o violencia de género.

Transmitamos y obliguémonos en favor de la humildad. Más allá de la resiliencia, somos vulnerables, tenemos fecha de caducidad. A veces los adolescentes y los menos jóvenes nos sentimos casi dioses, pero hemos de ser conscientes de que una llamada telefónica puede eclipsarnos y para siempre la vida.

7

LA EDUCACIÓN ¿LO PUEDE TODO?

Comunicar precisa de emisor y receptor,
compartamos con nuestro adolescente
la palabra y la escucha.

Expliquemos la diferencia entre temperamento, carácter y personalidad. Nacemos con un temperamento, que es heredado, por eso es tan importante quiénes son nuestros padres, nuestros abuelos. El temperamento no se modifica, como no varía nuestra altura o el color de nuestros ojos. Bien distinto es el carácter, que, como nos señaló Ortega y Gasset, depende del yo y mis circunstancias, y cuando cambio estas, me cambio a mí. Por último está la personalidad, ahí sí que podemos incidir para mejorar, para marcarnos objetivos, para ser más sociables, para relativizar los problemas, para sonreír. Por tanto, la pregunta es: la educación, ¿lo puede todo? Nos gustaría decir que sí, queremos creer que sí, pero hay limitaciones, lo vemos, por ejemplo, en niños que nacen con síndrome alcohólico fetal que se ha agravado por el denominado síndrome de hospitalismo, falta de calidez, de cariño, de piel con piel.

Dado que no tenemos otro instrumento o herramienta, será la educación, será el amor, los que suturen heridas profundas. Hemos tratado, hemos intervenido con niños muy traumados, maltratados, abusados, y que, sin embargo, han salido a flote, son magníficas personas, estupendos adultos, maravillosas parejas y padres, y créeme cuando te digo que ha sido el amor de alguien lo que les ha permitido engancharse, y, a partir de ahí, y desde sus propias capacidades y desde una correcta educación, reconvertir en positivo lo que fue en su día lacerantemente negativo.

Hemos de donar valores y virtudes. Hay quien dice de forma pesimista, aciaga y equivocada que no hay valores y virtudes en la sociedad actual. ¡Claro que los hay! La palabra dada, lo bien hecho, el conducirse con nobleza, y el comprometerse con la lealtad.

> **De nada sirve hablar de valores y virtudes si estas no se transmiten desde el ejemplo.**

Generemos solidaridad, hagamos que se sientan concernidos con el otro. Desde el chico con características diferenciales al que se ahoga en el Mediterráneo. Pero también con el mendigo del barrio o con el compañero que se siente amenazado o acosado.

A veces, les damos tanto a los adolescentes que no les permitimos aportar, ayudar, donar, ser generosos. Y ya desde niños deben acostumbrarse a compartir, a regalar, desde un beso hasta un juguete suyo. ¡Cuánto más al llegar a la adolescencia! En esa época de cambios, en ese periodo vulnerable, proclive a las conductas de riesgo, hay una gran oportunidad para desarrollar sus potencialidades, para reconvertir su rebeldía en actividades de solidaridad.

A lo largo de mi ya extensa carrera profesional he descubierto que a muchas personas el ayudar les evita caer en desesperanzas y aun en depresión. Fomentemos la verdadera solidaridad, repito: el sentirse concernido.

Pareciera que en esta sociedad la palabra «caridad», suena mal, pero es un error. Poder dar es un lujo, un derecho, también de nuestros adolescentes. Hay que invitarles a involucrarse en su propio proceso de desarrollo prosocial y formarles en la dignidad humana, haciéndolo en una sociedad en transformación.

Un reto del ser humano mientras vive es el de buscar conocerse. No es fácil. Y siempre hemos de hacerlo en relación con los demás. Pues nos vemos en los ojos de los otros.

El mandato del frontispicio de Delfos, «conócete a ti mismo», no debe ser, no ha de ser, una conducta de intimidad con uno mismo, un comportamiento de búsqueda onanista. Bien al contrario, conocerse supone también conocer, dejarse conocer, ser conocido.

En ese deambular funambulista del adolescente es difícil conocerse a sí mismo, pero sí que se está en camino de conocerse. Ese es un reto de esa etapa, la búsqueda en relación también con los otros.

> En esta sociedad nadie afirma ser racista o ser homófobo. Pero hemos de afrontar la hipocresía, también la nuestra.

En la Fiscalía de Menores hemos visto casos terribles, de desprecio, de vejación, de orinar e incluso de prender fuego a algún mendigo. Estamos hablando de clasismo, de desprecio, de asco, de deshumanizar a una persona y vivenciarla como un despojo. ¡Atención a cualquier comentario, gesto o posicionamiento de nuestros hijos, que pudieran anticiparnos esos inmundos pensamientos!, que bien pudieran reconvertirse en lamentables conductas.

LA PREOCUPACIÓN POR LA IMAGEN

Esta es una sociedad que pasa el día fotografiando, o mejor dicho, fotografiándose. Es verdad que se desechan la mayoría de las fotografías, pues las personas, y en gran número, no se encuentran bien, creen que les han pillado con un mal gesto o que no son fotogénicos, sin concluir lo más sencillo: son simplemente así. Y si eso nos ocurre a los adultos, a la gente que nos definimos como madura, qué no acontecerá con los adolescentes que están en pleno cambio.

Este tema de la fotografía tiene su enjundia, pareciera, que se busca la inmortalidad, dejar grabado nuestro paso por el mundo, ya sea junto a los monumentos más reconocidos o en los lugares más variopintos e insospechados.

Querida lectora, querido lector, como ves en este libro, cuando hablo de los adolescentes, también hablo de ti, padre, madre. Muchas veces los padres son inmaduros y ocasionalmente se comportan como adolescentes, es más, a veces pareciera que no quieren crecer, que no han crecido, que son unos Peter Pan y unas Wendy crónicas. Es claro y concluyente que para que los adolescentes crezcan y lo hagan de forma correcta necesitan alrededor a personas con un suficiente grado de responsabilidad, de madurez, de equilibrio.

Sigamos. Cuando nos miramos al espejo, ¿nos reconocemos? Cuando escuchamos nuestra voz, ¿confirmamos que es la nuestra? Pareciera que vivimos en dos mundos, el real y el supuesto. Lo que somos y lo que creemos ser. Al fin, hemos de plantearnos quién quisiéramos ser, cómo nos gustaría ser, qué hemos de hacer para ser quien deseamos ser.

La industria de la imagen y de los productos estéticos son en gran parte responsables de inducir la obsesión por la belleza, que tiene un diagnóstico al fin: trastorno dismórfico corporal. Esta es la razón por la que algunos y desde corta edad se someten a incontables cirugías plásticas.

Debemos hablar con los adolescentes sobre los falsos mitos de la cirugía estética, el quererse como uno es, el no querer cambiarse, el dar tiempo al tiempo, el que lo que hoy parece de una manera posiblemente dentro de unos años parezca la contraria.

Debo criticar la fatalidad con que a veces se admite la cirugía de intervenciones no necesarias practicadas a adolescentes que se basan en su percepción subjetiva y que no tienen en cuenta su vulnerabilidad. Ten en cuenta que están en una etapa de transición, que están definiendo su personalidad, que viven un periodo de cambios hormonales, que están hiperatentos a las transformaciones físicas. Por tanto, hemos de posponer cualquier decisión de ese tipo a cuando tengan la mayoría de edad, los dieciocho años.

Es claro y manifiesto en el personaje de Cervantes del *Quijote* que este no muere, no puede morir. Muere Quijano cuando descubre que no puede cambiar la realidad, cuando pierde el andamio esencial de su fantasía.

Nuestros vehículos pasan regularmente y cuando tienen unos años por la Inspección Técnica (ITV) para comprobar que están en buen estado. Planteémonos nosotros una pregunta esencial: ¿y si volviera a nacer? Sí, si volviera a nacer, ¿cambiaría algo?, ¿cambiaría todo? Porque variar algo puede suponer como en las fichas de dominó cambiar mucho más de lo esperado.

Hay personas que no cambiarían nada, las hay que lo cambiarían todo, y las hay que evitarían algún sufrimiento, algún error. Es bueno que nos hagamos estos planteamientos para desde una respuesta sincera y sin saber si sería correcta o adecuada tener también criterio en la educación de nuestros hijos. ¿Qué es lo esencial? Este es el tema. Educar en lo esencial. En lo importante de la vida, más allá de ambiciones, de famas, de currículos, de compras, de ostentaciones. ¿Quién soy? No qué soy. Digo lo anterior y lo señalo para en lo posible evitar transmitir a los hijos lo que luego nosotros hemos valorado como un error en nuestras propias vidas.

Y es que nosotros también hemos sido educados por nuestros padres, profesores, abuelos, y hemos heredado costumbres, tradiciones, miedos. ¿Qué nos hubiera gustado en la educación que hemos recibido que no tuvimos? ¿Qué echamos de menos y qué echamos de más?

Hablaba unos párrafos antes de los vehículos, y permíteme la metáfora: una cosa es la capacidad, la destreza para conducir, y otra para conducirnos. Igual pudiera acontecer con la educación de los hijos, una cosa son los criterios que se nos transmiten para educar, pero ¿cómo estamos educados?, ¿cómo somos?, ¿qué modula nuestras conductas y comportamientos?, ¿qué altera nuestras intenciones?

La especie humana tiene un reto difícil de alcanzar: erradicar la propia subjetividad. Y es que una característica que nos es propia es la equivocada posesión de la verdad, nos creemos que lo que decimos, lo que pensamos, lo que sentimos, es lo esencial, y además que es compartido por los otros. Y cuando no lo es nos afianzamos en que son los otros los equivocados. Es por eso que los debates se convierten en arduas luchas dialécticas.

Se diga lo que se diga, nos es muy difícil ponernos en el lugar del otro, empatizar. Hablamos muchísimo de las neuronas espejo, de los lóbulos frontales, pero ciertamente lo que más nos interesa, lo que más nos importa, lo que salvaguardamos es nuestro propio yo, y confirmamos, y ratificamos nuestras creencias, aunque choquen con la realidad objetiva.

Tendemos a ser muy tribales, muy de nuestro grupo, y para ello nos ponemos en contra del exogrupo, de los otros, de los distintos, de los que difieren de nosotros. Hablemos de estos temas con nuestros adolescentes, razonemos con ellos, formulémonos preguntas. Sí, hablemos, sí, interioricemos. Esto es educar.

> **Educar no es solo modificar conductas, sino plantear cambios cognitivos, posicionamientos, interrogantes.**

Cuando digo que hay que respetar a los adolescentes y que debemos hacernos respetar por ellos, hablo exactamente de estos temas esenciales. ¿Dónde estamos?, ¿quiénes somos?, ¿cómo somos?, ¿desde qué mirada juzgamos a los otros?, ¿cómo se nos ve? Y eso atañe a jóvenes y menos jóvenes, en el tiempo de ocio, en el hogar, en el instituto, en el trabajo.

Hemos de vacunar contra la psicopatía, contra la dureza emocional, contra la distancia afectiva, contra la vivencia negativa de las intenciones ajenas.

Mi desempeño profesional me ha enfrentado con violadores en serie, con psicópatas, con estos que podríamos definir como «desalmados», es decir, que no se compadecen, que no sufren con el sufrimiento del otro, que solo tienen un principio rector existencial: la búsqueda de su placer, la respuesta a sus instintos. Siempre utilizan al otro, jamás piensan en el otro. Y fíjate, en que la psicopatía no es una enfermedad mental, es una enfermedad moral. No es una psicopatología, no es un eximente, no es un atenuante, y es que hacen lo que quieren hacer. Pues bien, hemos de vacunar a nuestros niños contra la psicopatía, han de cuidar las plantas, tratar con afecto a los animales, a las mascotas, y, cómo no, a los hermanos, a los mayores, a los abuelos.

En ese sentido, compartir es esencial y no se me ocurre mejor lugar que la naturaleza disfrutando con otros de un campamento, sabiendo que un día la cantimplora estará vacía y que en otro habremos de dejar las pilas para la linterna de un compañero.

Combatir la dureza emocional se consigue, se previene, llevando a los niños a hospitales infantiles para que vean a quién sufre y se duele. Para que se emocionen, para que gusten de ayudar. Y también a la abuela con demencia senil o al niño con discapacidad. No hay otro antídoto. Hablamos de proximidad, hablamos de afecto, hablamos de ternura. La ternura es la expresión serena, bella, sutil del amor.

Y es que muchas veces hablamos, hablamos y hablamos, pero los cambios tienen que lograrse desde los hábitos, desde las acciones.

> **No se trata tanto de pensar, sino de hacer, puesto que desde la acción cambia y mejora nuestra forma de pensar.**

Ves que en estas páginas las palabras «sentirse concernido» y «compadecerse» se nombran con reiteración. Y es que parece esencial transmitir que dentro de que somos únicos, todas las personas de cualquier lugar, identidad sexual, orientación, fe religiosa, raza, somos muy iguales, pero muy iguales, y una misma especie que llora y ríe por lo mismo.

Los adolescentes tienden a hablar de cuando eran niños, y es que ya tienen psicohistoria, siguen viviendo el presente, pero ya añoran llegar al futuro. Es importante ubicarnos, por tanto, en su realidad y no tratarles de manera indefinida como niños, pues no lo son.

EL VALOR DE LO EFÍMERO Y DEL NO

Es importante enseñar y enseñarnos a formular preguntas, ya lo hemos apuntado, aunque algunas sepamos de antemano que no tienen respuesta. En este sentido, el ser humano precisa de trascendencia. Habrá quien considere que es muy esencial ser religioso, tener fe, yo lo comparto, pero no lo veo imprescindible, lo que sí estimo necesario es mirar en silencio las estrellas, dejarnos seducir por ellas y percibir qué sentimos en el vasto cosmos. Más allá de teorías como la del Big Bang, el universo anonadado por su infinito tamaño nos hace replantearnos quiénes somos, dónde estamos y a qué damos importancia. Pues cierto es que nuestra tierra, nuestro planeta, ya existía antes, mucho antes de que el ser humano la habitara. La verdad es que desde el microscopio al telescopio ya intuimos que no somos capaces de apreciar ni lo más grandioso ni lo más pequeño.

Tú y yo sabemos que un día, en un lugar, escuchando el crepitar del fuego o el rumor del viento en las hojas, o el fluir del agua, hemos tenido más que la sensación, más que la percepción, de que tiene que haber algo más, de que somos parte de un conjunto, de que este nacer y morir puede ser continuo, que la percepción que tenemos del tiempo es muy miope, muy establecida por nosotros. En fin, que sabemos poco, pero captamos que sabemos poco.

Si te soy sincero, en un libro que escribí y que lleva por título *Nostalgia del más allá,* me planteo si en realidad morimos después de haber nacido, si ese es el orden.

Pero volvamos al asunto que nos concita: los adolescentes. Que precisan de un sentido de trascendencia, de una espiritualidad sin fanatismo. Una trascendencia que podría ser del mundo, de la vocación, del compromiso, de una misión que realizar en favor de lo que nos ha tocado vivir aun sin alcanzar a comprenderlo.

Un tema esencial que no siempre se aborda, el de la espiritualidad, que desborda a nuestra razón, nuestro ser, siendo que quizás, y sin quizás, es lo más íntimo de nuestra existencia. Nuestra alma, comprende que somos parte de algo mucho mayor, y haremos bien en mostrárselo a nuestros hijos, que miren al universo, a lo absoluto, pueden o no, llamarle Dios.

Pretendo transmitir que no nos quedemos en lo táctil, en lo que tiene precio, que enseñemos a nuestros niños a valorar lo breve, lo fugaz, a enriquecerse con las estaciones y los cambios de la naturaleza. A sentirnos parte de un todo, y es que el ser humano sin espiritualidad no es tan humano. Como no lo es sin lenguaje. Como no lo es sin capacidad para reír y para llorar. Como no lo es sin capacidad para imaginar, para fantasear, para saberse vulnerable.

No son palabras, no son conceptos. Son la esencia. Hablemos con nuestros adolescentes de lo esencial. Y cercenemos el riesgo de inclusión en sectas y grupos fanáticos.

Enseñémosles a saber decir «no», fortalezcamos su asertividad. La familia genera lazos de apego, de vínculo, que junto con los de los buenos amigos serán un salvavidas en momentos de zozobra. El riesgo, nadie lo niega, está fuera. Los grupos fanáticos, las sectas están al acecho de los más vulnerables, de los que están desorientados, de los que precisan un grupo al que considerar como hermanos, como lugar de pertenencia.

> **Hemos de enseñar a los adolescentes a manejarse en la soledad, en la individualidad, en la capacidad crítica.**

Algún autor ha dicho que hay una secta para cada tipo de carácter o de personalidad. Autores hay que afirman que el sistema sectario es muy similar al que provoca las adicciones, yo lo que constato es que hay jóvenes que entran en contactos con las sectas, con los grupos fanáticos, pero no son atrapados, no se enganchan, y es que cuentan con recursos que les permiten soslayar tan grave riesgo, que tanto daño genera en las familias.

8
ENSEÑAR Y APRENDER

Muchos padres darían la vida por sus hijos,
no así por su pareja —bueno, algunos sí—,
pero no olvidemos que los hijos quieren
—queremos— mucho a los padres.

Otro aspecto esencial en el que debemos educar es en el de saber disfrutar, y hacerlo a veces con austeridad. Cantar en grupo genera mucha satisfacción, o charlar alrededor de una mesa, o salir a correr por un parque...

Algunos adolescentes se sienten mal, muy mal consigo mismos. No tienen una razón existencial, y tienen náuseas, y ese vómito lo quieren expulsar a veces contra los colegas, contra los distintos, contra los padres, y buscan ayuda en las drogas —obviamente incluido el alcohol— para sentirse mejor, como punto de fuga. Es todo un síntoma, pero la realidad profunda, la que subyace, es otra.

ATAJOS PARA SENTIRSE APROBADOS

Hoy muchos jóvenes buscan atajos, se sienten mal e, incluso, para ser aceptados, consumen alcohol u otras drogas. Nada tiene que ver la preciosa expresión chilena de «conversar un vino» con beber en forma de atracón alcohol de cuarenta grados para desresponsabilizarse, para cometer hechos a veces deleznables que ya antes he anticipado. Y aquí tenemos un problema, un grave problema de acceso al alcohol y otras drogas, de permisividad en España, de unos horarios estúpidos e irracionales. De unos botellones inaceptables.

No es tan excepcional que haya niños de doce años borrachos. El coma etílico en adolescentes, digo, no es excepcional, cada año se constatan por los hospitales unos quinientos —quinientos— casos que pone en situación grave la vida de los propios adolescentes.

Claro que hay intereses económicos muy marcados para la venta de alcohol. Por cierto, que hay quien me explicó antes de ir al Senado, invitado como experto para tratar de alcohol y menores, que las cervezas no son alcohol, sino alimento líquido. Ni que decir tiene que también me llamaron responsables de asociaciones de bebidas espirituosas para hacerme saber que como esas bebidas de mucho grado se pueden tomar con alguna cola o tónica y con hielo, tampoco son problemáticas. Y dicho lo anterior, que produce sonrisa o sonrojo —a elegir—, comenté en el Senado, entre otras cosas, la incoherencia, el despropósito de vender alcohol en las gasolineras, reseñé la amplia permisividad y la escasa implicación de la Policía Municipal de las localidades para pedir el carné de identidad, para perseguir a quienes venden alcohol a menores, siendo que la legislación no lo permite antes de los dieciocho años.

Desde el año 2001 soy consejero de la Organización de Consumidores y Usuarios (OCU). Nuestros estudios demuestran que el cincuenta y siete por ciento de los menores consiguen que les vendan bebidas alcohólicas sin tener que mostrar ninguna documentación.

Alcohol, en muchas ocasiones disparador de violencia de género, de abusos sexuales, de agresiones físicas, de accidentes de tráfico, de accidentes laborales, de desgracias familiares.

Se bebe en las calles y este es un tema preocupante para los Ayuntamientos que deben intervenir, para la Policía Municipal. A veces chicas y chicos generan lo que han dado en llamar un atracón de alcohol. También ha de preocupar el aumento de consumo de cannabis, una sustancia que está muy de moda y que, equívocamente, es percibida como desprovista de peligro, afectando y mucho al sistema atencional y al sistema nervioso.

Mal haremos en seguir denominando alcohol y droga como dos entidades distintas.

Y no por repetido es menos cierto que se educa con el ejemplo, y hay padres que llegan francamente mal a su hogar, o que beben de una manera muy habitual y cotidiana, cuando no esnifan cocaína o son consumidores de otras drogas.

Tenemos un grave problema con el alcohol y los jóvenes. Y es que tampoco tienen muchos lugares donde entretenerse, donde divertirse. La mayoría de los colegios cierran sus pistas deportivas los fines de semana. No hay el suficiente movimiento Scout. No se propugnan lugares de teatro o para disfrutar de la música.

Alertemos del riesgo de beber alcohol para no ser el «rarito», hay que ser asertivo.

No mires para otro lado si ves a tu hijo que viene en estado de embriaguez de una manera no puntual. Ve cuál es su apreciación de si bebía demasiado, si ha necesitado beber alcohol y por qué, qué le han aconsejado sus amigos... Debes buscar la causa de esa dependencia, debes entablar un diálogo, pero desde luego te hará falta ayuda exterior.

No olvidemos que también hay adultos que utilizan a los adolescentes como «camellos», y algunos jóvenes que hemos visto, y que yo personalmente he explorado, con cerebros dañados, convertidos como decía Roszak en un puré de garbanzos por efecto de las drogas, primordialmente me estoy refiriendo ahora a chicos venidos del norte de África que inhalan pegamento tolueno, y que lo que consiguen es la enajenación.

Transmitamos que divertirse no quiere decir sexo, alcohol u otras drogas. No quisiera terminar este pasaje sin volver a comentar que hay quien bebe individual o mayoritariamente en grupo para abusar sexualmente. En ocasiones de forma azarosa, en otras de manera premeditada.

Añádase a ello que la víctima, muchas veces, también ha ingerido cantidades excesivas de alcohol, por lo que luego si se produce el juicio tiene fallas de memoria, y su discurso se basa en imágenes, en *flashbacks* que no alcanzan una narración que se sostenga en el foro.

LIBERTAD INDIVIDUAL, LA EXIGENCIA DEL AMOR

Si hay algo esencial en lo que hemos de educar es en enseñar a amar. Amar, nada que ver, con querer. Se puede querer un coche, y otro, y otro, pero amar es dar a fondo perdido, quizás sin contraprestación. Y desde luego amar es el antónimo, es lo opuesto, a poseer.

Hoy exploramos clínicamente a jóvenes que entienden el amor como necesariamente bidireccional; es decir, si yo quiero a alguien, ese alguien me tiene que querer. Bueno, o llevado a un extremo, si yo doy la vida por alguien, ese alguien debería corresponderme, o de otra forma su vida no tiene valor. Errónea concepción de un amor romántico que subyace en situaciones dramáticas cuando, por ejemplo, un joven ridiculiza, veja o golpea a la chica y ella dice «cambiará». Todo esto hay que erradicarlo de raíz.

Hagámosles comprender que uno puede querer, pero no es posible exigir ser querido. Cuidado con educar a las chicas en el agrado, en el «tú», y en cambio educar a los varones en el poder, en el «yo».

Preocupa mucho formar a los niños y a los preadolescentes en la sexualidad, y bien está para evitar riesgos y enfermedades de transmisión, embarazos no deseados. Pero antes hay que formar en el respeto, en la adecuación, en el cariño, para evitar lo que trágicamente estamos viendo, cual es un aprendizaje que viene de la mano de una pornografía dura, lesiva, machista, insultante. Tanto el consumo de pornografía, como los celos, siguen muy implantados en los adolescentes.

Hay chicas adolescentes que me han llegado a decir que si no se acuestan con su novio, este se irá con otra. Esta confusión es muy grave, hemos de hablar de su capacidad de decisión, de su intimidad, de su dignidad y de lo que puede ser exigido por otra persona o no.

Otro tema en ese sentido es el de algunos chicos varones que confunden amor con sexo, relaciones de contacto con afecto, y desde luego repito: se muestran muy celosos, muy posesivos y muy vigilantes. El problema radica en que nuestros jóvenes están convencidos de que la violencia de género es un grave problema, pero que lo es de adultos. Añadamos a lo que acabamos de decir la peligrosa moda de compartir la intimidad también en la red, y de poner temas que pudiendo hacerlo son problemáticos; la típica chica que cuelga frases del tipo «mi novio pegó gatillazo».

También sabemos de chicos que exigen no usar preservativo. Vemos una alta carga de sumisión, chicas machistas y al tiempo dependientes.

Algún adolescente quiere ser adulto demasiado pronto, mantiene relaciones sexuales sin control. Y desde luego aumenta el número de jóvenes con enfermedades de transmisión sexual. Mucha de la violencia machista entre adolescentes se da en las redes sociales.

No creas que las terribles conductas de las denominadas «manadas» surgen por generación espontánea o son azarosas. Hay un grupo de jóvenes que quieren demostrar y demostrarse su poder sobre la mujer, y quieren hacerlo en compañía y ante su grupo, deseando, además, mostrarlo a otros y por eso emiten imágenes.

Esta vulneración de los derechos de la mujer, ese primitivo instinto, esa incontrolada conducta, hunde sus putrefactas raíces en una valoración muy negativa de la mujer, y aún más de la que está por la noche en la calle, y aún más si ha bebido. La deshumaniza, es tan solo un objeto de placer, y repito: demostración primordialmente estúpida de poder, un pensamiento fálico, agresivo, irresponsable.

> Hay que educar en el amor, en el respeto, en aceptar un «no», en autodominarse. También en gustar de los preámbulos, el flirteo, las miradas, los contactos, de todo aquello que nos hace humanos, que nos hace sensibles, que nos enriquece como pareja.

Hagámosle saber que los celos son un muy mal compañero, que son muchos los que dicen que quieren a su pareja, pero realmente solo se quieren a sí mismos.

Todos los celos son patológicos, se basan en la inseguridad, en la falta de autoestima, y en algo gravísimo: el sentimiento de posesión, de pertenencia, de propiedad. Detrás de los celos, lo que se esconde es la desconfianza. Sí, los celos son un grave problema, un riesgo de trastorno conductual y quien sabe si de hechos lamentablemente irreversibles. Celos, ideas tóxicas, perturbadoras, agresivas, de rencor y de odio tienen que ser extirpadas de raíz, desde el inicio, quizás con un buen profesional de la psicología.

Claro que las nuevas tecnologías son positivas, pero sepamos que el treinta y tres por ciento de nuestros jóvenes estima que los celos son una prueba inequívoca de amor, y a veces hay algunos jóvenes muy patológicos que supervisan continuadamente a la chica y quieren confundirla con que eso es un gesto de amor. De verdad que lo dije en el Parlamento, la violencia de género no está siendo bien abordada, esta es una pandemia social y que se nos está transmitiendo de generación en generación. Tanto es así que está larvada e instalada en no pocos adolescentes.

Puede haber inclusive amor sin sexo, puede haber sexo sin amor. Pero no se confunda lo uno con lo otro. No adelantemos las etapas psicoevolutivas de niños y jóvenes para mantener relaciones cuando no han entendido el verdadero objeto de las mismas, cuando no anticipan el dolor que se puede ocasionar.

> **El amor no es una conducta pasajera, incontrolada y pulsional. Enseñémosles que el mito del amor romántico es un mito, y además, peligroso.**

9
VÍCTIMAS Y VERDUGOS.
EL MAL ENTENDIDO PODER

La violencia es inaceptable, sea de padres a hijos,
de hijos a padres o entre la pareja.

Hay muchos tipos de amor: de padres a hijos, de hijos a padres, de pareja, a los seres desprotegidos, a la vocación. Pero es una planta que requiere cuidado, que exige ternura. Y desde la más corta edad en este sedimento, esencial. Recuérdalo en la adolescencia de tu hijo, para que esa tierra abonada facilite que nazca el amor, lo que conlleva el riesgo innegable de sufrir un día el desamor.

Estoy hablando de verdaderos antídotos contra la violencia de género.

El once por ciento de las víctimas de violencia de género son menores de dieciocho años. Si nuestra adolescente se vuelve de pronto triste y miedosa, si le cuesta concentrarse, si el rendimiento académico se viene abajo, si deja de practicar sus aficiones, si se muestra muy reservada, si ya no suele quedar con las amigas y con los amigos, si padece insomnio, si se queja de dolores de cabeza o musculares, si está en estado de alerta, si muestra nerviosismo, pudiera ser que esté siendo víctima de violencia de género.

Déjame que vuelva sobre el tema del amor a fondo perdido. Soy miembro promotor de la Fundación Pequeño Deseo, que como su nombre indica se vuelca en niños enfermos, algunos gravemente enfermos. Desde 2001 hemos realizado en Madrid, en Barcelona, en Valencia, en Sevilla, en Bilbao, más de cinco mil quinientos pequeños deseos. He aprendido algo esencial: lo que es el amor, con mayúsculas. Y es que cuando a un famoso, o a la Policía Nacional, o a miembros de bomberos les indicas que pueden ayudar sorprendiendo positivamente a un niño en el hospital, o en una salida para ver un musical, o en un viaje muy planificado a una ciudad o a Disney, o a nadar con delfines… La gente, la buena gente, que somos la inmensa mayoría, te dice cuándo y dónde puede ayudar a ese niño, con generosidad, con altruismo y al final con agradecimiento por haber podido volcar lo más positivo de sí mismos, y deseosos de volver a hacerlo.

Pero hay más, mucho más. A veces un niño nos dice «sé que me voy a morir, pero no se lo digas a mis padres». Y los padres te comentan «se nos va, pero no se lo digas». Eso es amor, sí, amor a fondo perdido. No se prostituya la palabra «amor».

EL SUFRIMIENTO CALLADO

Y hablando de prostituir el amor, nada más lejos del amor que la violencia de género, que la violencia machista, que la violencia del hombre hacia la mujer. Y no se diga que la quiere, y difícilmente es asumido que la quiso.

A quien se quiere no se le hace sufrir, no se le maltrata. Se le da cariño, se le da afecto, se le da ilusión, se le da lo que precise, lo que demande, y en todo caso, se la respeta, aun cuando deje de quererte, aun cuando te abandone, aun cuando te frustre y te haga sentir mal, aunque rompa un proyecto de vida en común.

Eduquemos contra la violencia de género, hagámoslo desde la más corta edad. Se han de erradicar las discriminaciones sexistas que excluyen a las mujeres del poder y a los hombres de la sensibilidad. Asusta ver cómo se están volviendo a ver actitudes que ya fueron, pareciera, erradicadas en su día. Y es que vemos a niños, adolescentes, ejerciendo auténtica discriminación sexista.

La violencia de género es una violencia estructural, se da en todos los países del mundo; por cierto España es de los países con menor tasa de violencia de género, lo cual no aminora el dolor por tan terrible injusticia.

Y hay quien dice que por qué se le da tanta importancia a la violencia de género cuando hay otros muchos tipos de violencia. La explicación es fácil, es sencilla: se ejerce dentro del hogar, la impone quien debe quererte, es una perversión pasar del amor al odio, del amor al rencor. Es una estupidez creer que se posee a alguien, somos seres individuales, únicos, irrepetibles, y no dependientes.

> **En la violencia de género el agresor busca el estado de confinamiento. Del control al maltrato hay un paso.**

No te olvides que en los adolescentes pervive el comportamiento de control sobre la pareja. Una violencia, la de género, estructural. En los países de Oriente, ocasionalmente, a la mujer se le echa ácido, como venganza, para marcarla —como se hace con el ganado—, desde ese criterio nauseabundo de la posesión, desde ese recalcitrante odio de decir «te dejo mi marca para siempre».

La violencia de género es una violencia instrumental, es decir, quien la ejecuta lo hace con una persona, pero no la generaliza a otros ámbitos a otras personas. Por eso a veces en las noticias, en los sucesos, oímos «no nos lo podíamos imaginar, es un buen vecino, es un buen compañero de trabajo».

Nos consta el *shock* que sufren los niños que pierden a su madre y quedan en orfandad, cuanto más si la muerte es violenta y la observan, y el estrés postraumático se profundiza y dilata cuando quien porta el arma homicida es su padre. El día de mañana estos que serán adolescentes se preguntarán si esta aberrante conducta de su progenitor podrían heredarla, y habrá que contestarles con seguridad que no, que pueden y habrán de ser magníficas parejas y estupendos padres.

Cuando sean jóvenes se plantearán un terrible dilema: ¿ir a la cárcel para ver a su padre? ¿Y en ese caso escucharle, desear quererle, despreciarle, aborrecerle? Esto es lo que consiguen estos hombres, arrasar las esperanzas y acabar con las vidas.

Los hombres, en general, nos sentimos muy dolidos e incluso a veces nos vemos afectados por esos otros varones que, de forma larvada, generan ese posicionamiento inadmisible. Y es ahí, querido padre, donde tienes que trabajar para evitar cualquier pensamiento, cualquier conducta, cualquier frase que pueda convertirse en hábito.

> Hay que erradicar de raíz toda búsqueda de explicación de la violencia de género, toda defensa de la misma, toda argumentación.

Expliquémosles a los niños, a los adolescentes, que a veces vivirán en pareja situaciones difíciles de prever y que alteran la estabilidad emocional, pero que nunca la violencia verbal, el menoscabo psíquico y la agresión física ha de tener cabida. Aprovechemos cualquier suceso para recordarlo. No vayamos a encontrarnos el día de mañana con que nuestro hijo es un agresor.

Los hijos que ven tratar mal a sus madres, por aprendizaje vicario tienen muchas más probabilidades de reincidir en tan terrible conducta. La violencia de género en adolescentes y jóvenes se inicia con un patrón de abuso verbal, que da paso al psicológico y, ocasionalmente, al económico, sexual y/o físico.

Mi experiencia profesional me enseña que es terrible ser padre de una víctima de cualquier delito, pero si los padres tienen ética, moral, compromiso cívico, no sufren menos si su hijo es el agresor.

En la violencia de género se habla de la paradoja nórdica de estos países con alto nivel económico y de apoyo social. Tuve la suerte de ser el presidente de la Red Europea de Defensores de los Niños, y conozco estos países. La igualdad hombre-mujer es plena en las empresas y la política, y aun en el ámbito religioso. Pero partiendo de que tienen mejores estadísticas, y sabedores de que son más sensibles a lo que entienden por violencia de género, no es menos cierto que existe una gran violencia de género que puede ser consecuencia de la ingesta de alcohol que se hace de manera solitaria y en el hogar, de una climatología que obliga en muchas ocasiones a estar recluido en casa, pero sobre todo, y según mi humilde criterio, porque hay hombres, no muchos, que no admiten la plena igualdad.

Hay quien plantea que no debiéramos tener una ley de violencia de género, sino una ley de violencia en la familia, como acontece en países limítrofes a España. Se entiende en una búsqueda de justicia e igualdad. Ahora bien, hay una casuística indiscutible, y es que aun habiendo mujeres agresoras, las víctimas muy mayoritariamente, pero muy mayoritariamente, son las mujeres. Por tanto, y como defendí en el Congreso de los Diputados, la ley de violencia de género, y por desgracia, nos es necesaria. No se utilice como arma ideológica, política y menos aún como una lucha de géneros.

Es exigible hacer pedagogía de la ley, déjame que lo intente, y permíteme sin ser muy afortunada la comparativa: a veces nace un niño con discapacidad, pensemos en un síndrome de Down. Se le educa, se le forma, se le prepara y, cuando tiene edad laboral, la Administración, las empresas, tienen un cupo específico para quien ha nacido con unas características que le dificultan la plena integración. ¿Es justo? Sin duda, sí. ¿Es igualitario? No.

La justicia no siempre para serlo ha de ser igualitaria.

Llevamos más mujeres muertas a manos de sus parejas o exparejas que las víctimas del cobarde grupo terrorista ETA.

Me impacta, y por eso lo digo en muchas ocasiones, saber que tres de cada cuatro parejas que se establezcan en relaciones afectivas acabarán en ruptura. Como ya hemos dicho en otro capítulo, debemos preparar a hijas e hijos para esta más que posible y que probable situación. Y estoy hablando de cómo van a manejarse en temas económicos, afectivos, con los hijos si es que estos han venido al mundo, etc. Será bueno educarlos en la ruptura, en la contención, en el autodominio, en la aceptación de la frustración.

Estoy convencido de que en muchas ocasiones los acontecimientos, pese a ser previsibles, nos sorprenden. Eduquemos, eduquemos contra la violencia de género, mostremos lo valioso de la sensibilidad, del autocontrol, del respeto.

Cuando uno entra en un local que desconoce suele mirar dónde pone el cartel de salida. Eduquemos a nuestros hijos a que cuando la relación se convierte en impracticable sepan y desde el dolor alejarse sin dañarse, y en su caso soliciten de un mediador una labor que no pueden llevar a efecto dos personas que se convierten ambas en erizos.

10

LA CULTURA DIGITAL

Hay quien utiliza las nuevas tecnologías
para comunicarse, otros para lucirse,
y otros como voyeristas

Pasamos ahora a hablar de las nuevas tecnologías —por cierto, llamadas nuevas tecnologías desde hace mucho tiempo—. Los padres —la sociedad, en general— están preocupados por el uso y el riesgo de la adicción. Al respecto debo señalar que el ser humano es propenso a las adicciones, ya sea al trabajo, al deporte —vigorexia—, al sexo, al juego, a las sustancias y a las tecnologías. Obviamente estas son preámbulo de lo que conoceremos en breve, y es verdad que los niños ya llegan a un mundo donde las mismas están implantadas, pero no es menos cierto que el ser humano, igual que tiene que deambular o estar en contacto con la naturaleza, precisa la relación social cara a cara.

El noventa y dos por ciento de los adolescentes tienen un perfil propio en redes sociales. Un noventa por ciento disponen de entre dos y cinco dispositivos personales. Y un setenta y dos por ciento miran el móvil constantemente.

En algo se confunde para los adolescentes la vida real de la vida virtual. Tanto es así que la cultura ya no puede hablarse de dos formas separadas, y es que en gran medida ya es digital.

Hoy el joven no navega por la red, eso es una expresión que evoca épocas y travesías ya muy pasadas. Surfea por ellas, quiero decir, que es capaz de ir de ola en ola con cambios de dirección, saltando de un titular a otro, de una noticia a otra, de un texto a un contexto, en cuestión de segundos. Por tanto, los adolescentes no hacen un acercamiento directo a la información de actualidad, esa no es su actividad primordial, sino que, bueno, lo adquieren si tiene sentido para sus intereses, porque ellos están inmersos en un gran flujo de datos, de información existente en internet.

YouTube consiguió convertirse en una videoteca que bien podríamos denominar de Babel, una fuente privilegiada para las nuevas generaciones, de ahí beben de todo tipo de información, ahí están también sus *influencers,* la gente que influye sobre ellos. Claro que YouTube ha desplazado en gran medida, en el caso de las nuevas generaciones, a los medios tradicionales y, en especial, a la televisión.

Las redes sociales tienen como función desde la de conocer nuevas personas hasta las de seguir a una marca concreta o a un *influencer.* Instagram se ha convertido en la red social al crecer su popularidad y ha desbancado a Facebook entre los más jóvenes, y es que les permite expresarse mejor, sentirse libres de las expectativas y limitaciones sociales. Además, con Instagram pueden fisgonear en la intimidad de los demás.

Los *Influencers* son los nuevos modelos, que, junto con los *youtubers,* serán a partir de la irrupción del fenómeno Instagram las nuevas estrellas guías de nuestros adolescentes.

Dependencia y conductas

Puede existir dependencia al teléfono móvil, es decir, a la necesidad de contestar de forma compulsiva a los mensajes recibidos, que se convierten en comportamientos obsesivos con dificultad para conciliar el sueño, bajo rendimiento escolar, etc. Aumentan las conductas de riesgo extremo —selfis en situaciones donde se juega con la vida/muerte—. Las redes ejemplifican el suicidio anunciado y las autolesiones.

Los niños, y quizás a muy corta edad, pasan demasiado tiempo delante de las pantallas, y esto se puede acrecentar en la adolescencia cuando necesitan estar en contacto con los suyos y tienen pánico a quedarse desconectados. Haremos bien en dar buen ejemplo y marcar algunas limitaciones, tanto en el tiempo de utilización como en ámbitos —por ejemplo, cuando se está almorzando, cenando o en los horarios que debemos respetar del sueño—.

Estar mucho tiempo ante las pantallas provoca obesidad, irritabilidad, ansiedad, impulsividad y baja tolerancia a la frustración.

Hay juegos y aplicaciones que refuerzan una conducta repetitiva, que es la base de la adicción. Los adolescentes juegan de manera virtual con los videojuegos, pero su utilización puede llegar a generar dependencia, ser compulsivo, si ya son, por ejemplo, más de dos horas. Por tanto, limitación, sin duda.

Créeme cuando te digo que los padres en general supervisan de manera muy escasa los videojuegos de sus hijos, tanto los contenidos, como los tiempos, como su uso.

Se denomina desorden por adicción al temor a perder información acerca de la actividad social si permanece desconectado. Que el teléfono móvil —recuerda que no tiene vida— no nos prive de los que sí la tienen.

Las normas que incluyen horarios en el empleo de pantallas resultan irrenunciables. Asimismo, conocer el tipo de vídeos y contenidos que utilizan. Fomentemos como antídotos la lectura, el deporte o las charlas.

Por otro lado, y partiendo de que son un instrumento, no un fin, hemos de educar a respetar nuestro honor, nuestra dignidad y nuestra intimidad, obviamente también la de los otros. Comentemos que al acto de administrar el acceso a nuestra intimidad es a lo que llamamos pudor.

Exacerbación del narcisismo y el autoerotismo. Se mantiene el pudor y la vergüenza, si bien la intimidad se ha diluido.

Transmitamos que el éxito es efímero, y que unir éxito con fama es un engaño, un timo. Haz ver a tu hijo que una cosa es ser conocido y otra bien distinta, ser reconocido. Que una cosa es lo que eres, otra lo que tú crees que eres y otra lo que muestras.

El peso de la imagen en la red

En esta era de la hipertransparencia hay unas nuevas formas de gestionar la propia imagen y la popularidad por parte de los adolescentes. Señalan quienes son, cómo desean ser vistos por los demás y expresan aspectos sobre todo idealizados de quien querrían ser, eso sí, respondiendo a las expectativas de las identidades socialmente deseables.

Tanto la imagen de uno mismo como la popularidad conseguida se hacen esenciales en la gestión de identidades. Estas autorrepresentaciones, siguiendo la terminología actual, de postureo, ayudan a la desinhibición y a mostrar parte de uno mismo que, desde luego, sería imposible mostrar cara a cara. Recordemos a los adolescentes: piénsalo, si el chico ha de pagar, y tú entras gratis, ¿pudieras ser entendida equívocamente como el producto?

Los adolescentes saben lo que ponen en las redes, otra cosa son las consecuencias. Pareciera que no captasen los riesgos de entrar en ciertos foros o de mandar imágenes de desnudez que nunca se sabe dónde acabarán. Alertemos, por tanto, de lo que es un riesgo real.

Habremos de estar también atentos a la hipersexualización. Cuidado con las imágenes provocativas e insinuantes. Han de entender que es esencial proteger la intimidad. Porque a veces son pareja y se mandan fotos con mucha desnudez que, al romper como tal, se utilizan para chantajear. Avisémoslo con antelación.

Por cierto, a veces hay que acudir a la Policía Nacional, a la Guardia Civil o a otras fuerzas de seguridad que tienen especialistas, y muy buenos, cuando un adolescente se siente atrapado por errores que él mismo ha cometido, o engañado por otros, a veces adultos.

Los padres tienen la obligación de educarse en las nuevas tecnologías, partiendo de que son herramientas positivas de relación, a veces educativas, pero también han de conocer los riesgos y a partir de conocerlos hablar y prevenir con ellos. No se trata de meter miedo, de exagerar los peligros, de volvernos paranoicos, pero al otro lado de la pantalla hay riesgos y antes de llegar a la adolescencia deben conocerlos. Habremos de recordárselo en esta etapa en la que se sienten absolutamente invulnerables, pues lo cierto y verdad es que son profundamente vulnerables.

> **La soledad, las carencias afectivas y la falta de relaciones sociales posibilitan el riesgo de adicción a la red.**

La fragilidad emocional de los adolescentes les impele a buscar la seguridad fuera, ya que no la tienen interior. El primer síntoma lo encontramos en la búsqueda de aislamiento familiar y social, el adolescente se retrae, su carácter se hace irascible, inestable, y es que sufre ansiedad, o angustia cuando no está conectado. Internet se convierte en prioritario, el rendimiento en los estudios se resiente.

La vida de los adolescentes en la red debe ser acompañada, dialogada, debatida, han de desarrollar sentido crítico.

Siempre cara a cara, sin ocultar, pero diciéndoselo que está en nuestra responsabilidad, hemos de conocer las cuentas de correo que maneja nuestro adolescente.

El papel de la sociedad

Voy a compartir contigo algo que hemos comprobado en el día a día y desde hace más de diez años en recURRA-GINSO. En este programa, y junto al trabajo ambulatorio con niños, adolescentes, jóvenes, en nuestra sede de Corazón de María, 80, tenemos una residencia terapéutica en Brea de Tajo, adonde nos llegan adolescentes de toda España. Hasta hoy han pasado por allí ochocientos noventa y ocho residentes con una estancia media continuada de once meses. Pues bien, en nuestra residencia no hay teléfonos móviles, no hay pantallas, no hay ordenadores —salvo para actividades regladas de estudio, y supervisadas—. No lo tienen tampoco los trabajadores —por cierto, los chicos no lo echan de menos—. Y créeme, no hay problemas, no existe esa tan cacareada adicción a las pantallas. No se consume alcohol, no se consumen otras drogas, sí hay analíticas. No se nos han confirmado los diagnósticos por déficit de atención e hiperactividad. Es más, parece percibirse cierto relajo cuando no tienen esa exposición al exterior, lo que les permite hablar entre ellos, reflexionar, debatir, ayudarse. Bien es verdad que tenemos un horario perfectamente planificado y con pocos espacios para meterse en problemas. Levantarse, hacer la habitación, asearse, bajar a desayunar, ir a clases, asistir a terapias, comer en grupo, practicar actividades deportivas, etc.

Siempre he sostenido —también en el Senado español— que hay que ayudar a los padres en su preciosa y ardua labor. Al respecto, sigo creyendo que hemos de modificar las leyes para que los miembros de las fuerzas de seguridad puedan, por ejemplo, hacerse pasar por menores para atrapar a quien quiere de una u otra manera engañar a los niños y, en ocasiones, abusar de ellos. Se me dirá que es una forma de casi casi incitar al delito. No es verdad. Cuando circulamos con nuestro coche la Guardia Civil de Tráfico a veces está oculta y nos multa, por nuestro bien y por el de otros conductores. Y así debe de ser. No es fácil poner puertas al campo, pero las empresas de servidores, etc. tienen una corresponsabilidad de lo que fluye por la red, y hemos de incidir mucho para en lo posible evitar contenidos lesivos para la infancia. La legislación en ese sentido debe endurecerse, y los medios con los que cuenten las fuerzas de seguridad ampliarse.

Los padres, asimismo, deben conocer los medios que existen de control parental, los limitadores de uso, etc., para evitar el acceso a ciertos contenidos, y/o para conocer por dónde han «deambulado» nuestros hijos.

Atención a los mensajes en la red, revistas, música, cuando es sectaria, disocial, disruptiva... Banalizan el consumo del alcohol u otras drogas... Pornografía vejatoria, sexo unido a violencia —individual o grupal—.

Te contaré en este momento un caso paradigmático, naturalmente real: en Cataluña, una hija de unos trece años le cuenta a su madre que su hermana está en contacto con un adulto y que considera que es una relación perniciosa y peligrosa. La madre se crea un perfil y confirma la peligrosidad de la situación. Acude a los *mossos* y estos a la justicia. En el juicio el abogado, y en su derecho de defensa, plantea que la madre ha obtenido los datos haciéndose pasar por quien no es, y que, por ende, deben quedar invalidados. Este caso ha llegado al Tribunal Supremo, que concluye que no es una mujer la que ha realizado esa suplantación, es su madre y, por tanto, no solo tiene el derecho, sino la obligación de supervisar aquello que pareciera y así se confirma, es peligroso para su hija. Tenemos claro que hay objetos que no han de entrar en nuestra casa y menos en la habitación de nuestros hijos, pero dudamos cuando esto acontece en la red. Nuestra protección debe amparar todos los ámbitos.

11

PONER LA VIDA «EN JUEGO»

*Una dependencia que genera pérdida de libertad, obsesión,
esclavitud, mentira, robo, deuda, ruina.*

Hablemos ahora de un tema también preocupante: la ludopatía. Expliquemos y mostremos a nuestros hijos lo que ya sabemos de su riesgo, y es que antes una persona tardaba tres o cuatro años en hacerse adicta en un casino, y ahora —y por medio de Internet— el proceso y por desgracia se acorta a nueve meses.

La irrupción de las nuevas tecnologías, la legalización del juego *online,* ha llevado al auge de la ludopatía en adolescentes. Claro que se prohíbe jugar hasta los dieciocho años, pero por otro lado se transmite sofisticación, entretenimiento aceptable. Son muy atractivos para ellos los estímulos visuales, y, además, se fomenta la inmediatez, el apuesta ahora. El mayor riesgo muchas veces es el enganche silenciado y que cuando los padres se dan cuenta ya tenemos un verdadero ludópata.

La ludopatía es una enfermedad que está reconocida por la Organización Mundial de la Salud. Y hay jóvenes que están desarrollando este comportamiento patológico en cuestión de meses, llegando a desfalcar las cuentas bancarias de sus progenitores. Por cierto, que la publicidad pareciera que normaliza el juego, que lo estimula, desde apuestas muy sencillas a otras complejas en tiempo real. Se trata, por tanto, de ganar o perder en un instante. Importante la labor que ha de realizar el Estado, el Gobierno, para impedir el sufrimiento no solo de los jóvenes, sino de sus propias familias.

La práctica de actividades de ocio digital es más frecuente entre los quince y los diecinueve años y entre las mujeres. Y la frecuencia de uso de videojuegos y apuestas aumenta entre los quince y los diecinueve años entre los varones.

Entre adolescentes y jóvenes se instala la percepción de que es un tipo de ocio extendido —juegos de azar y apuestas— que no genera extrañeza.

El núcleo accumbens, el circuito de recompensa, activa las conductas de búsqueda de placer gracias a la dopamina. Alcanzar la recompensa tiene más peso que la previsión de riesgo.

El juego *online* multiplica el hábito, se puede jugar todo el día, se puede jugar a varias cosas a la vez, se puede jugar con cuentas asociadas a tarjetas bancarias —y bonos—.

> **Hay que cuidar y vigilar la dotación tecnológica de las personas menores de edad, y la presencia de juegos de azar y apuestas en los distintos dispositivos electrónicos.**

Expliquémosles que, pese a lo que pudiera creerse, el dinero que se consigue por azar no da mucha satisfacción, ni esta se mantiene en el tiempo, y es que es un premio azaroso, no un reconocimiento basado en el esfuerzo.

Cuidado incluso con las apuestas pequeñas, son el cebo mediante recompensas inmediatas a seguir jugando. El juego, no ha de formar parte del ocio juvenil, algunos chicos, buscan obtener autonomía económica.

La psicología reveló lo que la experiencia nos muestra día a día. Si vamos a la máquina del café y echamos una moneda y unas veces el producto elegido sale a la primera, otras veces a la segunda, otras a la tercera, otras de nuevo a la primera, se nos estarán produciendo un refuerzo discontinuo con unas características que acentúan el riesgo de quedar atrapado. Y eso es lo que hoy se oferta a nuestros adolescentes y jóvenes, que pueden en toda hora y lugar jugar, y hacerlo variando la apuesta en cada momento. Los niños sufren un bombardeo no solo de casas de apuestas, sino de anuncios en favor del juego en su *smartphone,* en las cuñas de las radios, muchas veces en actividades deportivas.

No debiéramos cansarnos de denunciar que se están inaugurando muchísimas casas de apuestas en barrios económicamente desfavorecidos, y que un treinta por ciento de los adictos al juego son inmigrantes, muchos de ellos jóvenes.

EDUCAR EN EL ESFUERZO Y EN LA FLEXIBILIDAD. LAS GRATIFICACIONES

Habla con tu hijo de estos riesgos, y muéstrale el orgullo que se siente de hacer las cosas bien y ganar lo que se merece desde el esfuerzo.

El juego acaba siempre venciendo al jugador, así está programado para que algunos ganen mucho y lo hagan a costa de quienes sufren la patología llamada adicción. La hipocresía se acentúa cuando se escucha: «Juega con moderación» o «Para mayores de dieciocho años». Es una forma de incentivar el juego, de desearlo.

Hemos de abordar el juego y sus riesgos al tiempo de inculcar valores y esfuerzo, analizar lo que significa éxito, diferenciar entre ser y tener.

Vienen a veces padres muy preocupados a verme y que generan asociaciones para luchar contra una realidad que debiera estar supervisada y limitada por quienes nos representan, los políticos. Y como he dicho en el Parlamento, hay que hacer desaparecer toda publicidad, hay que limitar los horarios de apertura de los locales, necesitamos que la Policía intensifique el control de acceso a las salas de juego, realizar campañas de concienciación de escolares, de padres, de profesores, sobre el riesgo del juego. Y también hay que hablar con las empresas tecnológicas y que están en la red para preservar y garantizar que no son los jóvenes quienes entran al ámbito perverso del juego.

En otro orden de cosas resulta muy interesante educar en la capacidad de adaptación. Y es que la vida exige tener cintura para aclimatarse a situaciones que nos vienen dadas. Ser rígido conlleva el riesgo de la rotura, de la quiebra.

Y ni qué decir tiene que enseñar a adaptarse, a ser flexible se puede y se debe hacer desde muy corta edad. No digo que sea fácil, afirmo que es necesario.

Y junto con ello mostrar algo muy importante: cómo anticipar las consecuencias de nuestras conductas, de nuestro obrar, de nuestros silencios, y aun anticipar lo que nos acontecerá por la forma de conducirse de otros, a veces de quienes nos rodean, y en otras de aquellos a quienes ni conoceremos.

Anticipar, adaptarse, ser flexibles. Resultan ser un estupendo airbag, una estupenda y maravillosa protección para la vida.

> **Hemos de transmitir serenidad, paciencia, y todo aquello que forja la resiliencia, es decir, la capacidad para volver a levantarse cuando las situaciones nos han derribado, pero no derrotado.**

Al respecto es fundamental forjar la voluntad. Personalmente creo que esta es una herramienta poderosísima que permite automotivarse, esforzarse, ilusionarse, dar respuesta, comprometerse. Sí, la voluntad, una en la que apoyarse y en la que estar seguro, pues en la psicohistoria personal uno mismo comprueba su grado de voluntad, su inquebrantable voluntad. Y al igual que el agua horada la piedra, la voluntad, la constancia, la persistencia, alcanza sus objetivos en el día a día.

Disponer de voluntad aminora las dificultades, aleja el azar, hace a uno mismo más dueño de su existencia. Tendríamos mil ejemplos que poner, me viene a la cabeza el de los alpinistas, el de algunos científicos, el de los deportistas paralímpicos, el de los virtuosos de la música y de la danza, el de tantos y tantos, también de aquellos con voluntad que han sacado adelante en situaciones extremas a su familia.

Voluntad que no debe confundirse con obcecación, con incapacidad para atemperar respuestas. Pero voluntad que sirva como motor vital, que eluda la vagancia, la dejación, el sentimiento de que las cosas vienen dadas, o que nuestra suerte dependerá de los otros.

Si tuviera que definir en dos palabras lo más esencial, diría: voluntad personal y compartir con el otro. Y si me preguntasen por un experimento citaría el de Mischel, más conocido como el del bombón —o malvavisco—. Este psicólogo norteamericano puso a tres niños de corta edad sentaditos en una mesa y les ofreció un dulce, indicándoles que, si no se lo comían en el momento, pues él iba a salir unos breves minutos, cuando regresase les daría otro. El primer niño se quedó absolutamente quieto. El segundo se tapó los ojitos. Y el tercero se lo comió inmediatamente.

Este es un estudio muy importante porque se realizó con miles de niños y porque se trata de uno longitudinal. Catorce años después los adolescentes que tenían problemas eran aquellos que se comieron el bombón.

La lección es fácil. Hay que enseñar, tienen que aprender, a diferir gratificaciones. Las cosas no son, no han de ser, aquí y ahora. Proyectarse en el futuro, saber esperar, es esencial. Exige autodominio y, a veces, aceptar la frustración. Un gran tema, el de aceptar la frustración, pues la vida en muchas ocasiones nos golpeará, nos aturdirá, nos frustrará, y habremos de saber cómo enfrentarnos a ello.

12
Concernidos

Compartamos con nuestro adolescente,
el adolescente que fuimos, nuestros juegos, esperanzas, cuitas, y,
si es factible, hagámoslo las tres generaciones:
padres, abuelos, adolescentes.

Tenemos hoy muchos niños que no aceptan la frustración, que no difieren gratificaciones. La razón es una sociedad de consumo donde se transmite que todo se puede conseguir, que a todo se tiene derecho, que todo es exigible, y un grupo también numeroso de padres que sobreprotege, que pareciera se dejan chantajear, y es que actúan como si quisiesen comprar el cariño del hijo.

La peligrosa sobreprotección

Hace un tiempo publiqué un libro que lleva por título *Déjale crecer o tu hijo en vez de un árbol fuerte será un bonsái.* Mira, no lo dudes, hay que dar autonomía a tu hijo, hay que responsabilizarle, hay que procurar que lleve su vida en sus propios brazos. En la adolescencia se enfrenta el conflicto entre dependencia y autonomía. Y los padres en la actualidad sobreprotegen en exceso. Y es que transmiten a sus hijos sus propios miedos. No diría que la sobreprotección es un maltrato, pero sí que es muy limitativa, que dificulta, que incapacita, que hace al sujeto dependiente.

Desde luego hay que erradicar el «coleguismo», el ponernos al mismo nivel que los hijos, el confundir nuestros roles y papeles. No es eso lo que esperan de nosotros, no es lo que demandan, necesitan adultos, y que sean maduros, y que asuman su papel, y que sepan decir que no, y transmitir normas, y poner límites. De lo contrario, formaremos personas incapaces de defenderse, de afrontar las vicisitudes. Pero también aquellos que como nunca han escuchado un no, tampoco lo aceptarán de su pareja. Fíjate, por tanto, en la gravedad de la sobreprotección.

Los padres siempre se han de poner del lado de su hijo. Yo no lo creo. Mi experiencia en la Fiscalía y como Defensor del Menor me dice que no. No lo comparto, no lo admito. Naturalmente que no.

Cuando un hijo comete un hecho a veces grave, lesiona o viola a otra persona, no hay que ponerse de su lado en absoluto. Hay que ponerse enfrente de él y recriminarle. Debemos apoyar la sanción judicial, eso sí, tenemos que estar para cuando el adolescente salga de la sanción, a veces de la privación de libertad, para que sepa que sus padres están ahí, pero que se avergüenzan. En esos casos los padres con quien tienen que estar es con la víctima, a quien tienen que llamar es a los padres de la víctima.

> **No se trata de evitar a los hijos las dificultades de la vida, sino muy al contrario de enseñarles a superarlas.**

Lo asombroso es que muchos chicos cuando salen del hogar de los padres muestran su competencia. Para las compras, para la economía, para vivir con otros jóvenes; en fin, para asumir responsabilidades. Créeme, sobreproteger genera personas dependientes, frágiles, que precisan de una directriz, de un tutor. Vacunemos, eso sí, a nuestros hijos contra la desesperanza, la desilusión y el sinsentido.

Compartiré contigo un caso muy llamativo, quizás excepcional: desde hace dos décadas soy profesor del Centro Universitario Cardenal Cisneros, adscrito a la Universidad Complutense de Madrid. Disfruto de muy buenos alumnos, ilusionados, comprometidos y que gustan de aprender psicología para ejercer su profesión y ayudar a los ciudadanos y a la sociedad. Pero hete aquí que un día, una alumna del máster de Psicología General Sanitaria entregó el Trabajo de Fin de Máster —estamos hablando de algo realmente importante en la carrera académica— y pude comprobar que el sesenta por ciento estaba plagiado. La llamé a mi presencia y se lo hice saber. Ella solo me dijo:

—¿Qué nota me va a poner?

—¿Sabe lo que es la cerveza sin alcohol? —le contesté—. Pues eso, le voy a poner un 0,0.

Se fue, pero cuál fue mi sorpresa cuando por la tarde me encontré con un *mail* que decía: «Mis padres quieren verle esta tarde». Yo lo resolví con dos palabras: «Yo no».

Sirva este caso real como un ejemplo terrible y paradigmático de la sobreprotección. Estoy seguro de que esta alumna le contó la historia a sus padres, y estos, en vez de morirse de vergüenza, hubieran sido capaces de venir a argumentarme, a protestarme o a regalarme con tal de que su «niña» fuera aprobada.

Es esencial que eduquen en el respeto a la autoridad, ya sean los padres, los abuelos, el profesorado, las autoridades públicas. No ayuda en la educación ver cómo un joven le da una bofetada a un presidente de España ¡y no pasa nada!, o que los tenistas reconocidos se vuelvan tiránicamente y en público contra sus entrenadores cuando pierden.

No se confunda a la autoridad con autoritarismo o con otras figuras que la historia esperemos alejara para siempre. Al respecto recordar la práctica en la que al César, cuando entraba victorioso detrás de sus batallas, en su cuadriga llevaba a alguien que al oído le susurraba:

—Recuerda que solo eres un hombre.

Pero la autoridad es necesaria para el orden social. La ley está para cumplirse, puede modificarse, pero en el mientras tanto debe cumplirse. Y si eso es así, también en el hogar debemos hacer que las normas que nos hemos dado, siendo justas, sean cumplidas por todos. Pero es verdad que para ello los padres deben de poseer no solo *auctoritas,* sino *potestas.*

Déjame que te cuente otra anécdota simpatiquísima: tengo el honor de ser invitado como profesor por la Policía Nacional, y especialmente por las unidades de familia y menores, venidas de toda España. En una de esas clases impartida a inspectores y comisarios, un día, y cuando llevaba media hora, observé a uno de sus miembros masticando chicle. Paré la charla y le pregunté directamente si estaba masticando chicle. Me gustó, se lo tragó. Quiero con esto decir que este grupo humano que trabaja tan bien, que está absolutamente atento a las clases, que es educado y respetuoso, entiende, como entendió este miembro de las fuerzas de seguridad, lo que está bien y lo que está mal. Pongo el ejemplo como un piropo a una conducta.

El problema es cuando los adolescentes, cuando los adultos, ya no saben lo que está bien y lo que está mal, cuando creen que no han de respetar a nada ni a nadie, a veces ni a sí mismos.

UN TEMA QUE NO SE HABLA

Esta es mi hipótesis: pudiera ser parte de la etiología de que el suicidio infantojuvenil siga en aumento porque le piden a la vida más que lo que la vida puede dar.

Genéricamente, el suicidio infantojuvenil es un acto erróneo de autoafirmación, una búsqueda de comprensión. Las autopsias psicológicas muestran en ocasiones niveles altos de hostilidad.

Los adolescentes son drásticos, son muy tendentes al todo o nada. ¡Atención! Cuando dicen que son infelices —y lo dicen de veras, profundamente— y que quizás su vida no tiene sentido, cuando plantean que la vida no merece la pena o que pronto dejarán de darnos problemas, no lo dejemos caer en saco roto, están manifestando ideas autolíticas, a veces precursoras de conductas suicidas. La idea generalizada de que quien dice que se va a suicidar no lo hace es un mito erróneo.

A los doce años claro que se tiene concepto de muerte, pero no la interiorización vívida de la ausencia. Ni la vivida, la del año, la del mes, la del día, la de la hora en que no se ve al ser querido. En la etapa adolescente la incidencia de conductas suicidas se ve muy incrementada por el abuso físico o sexual. El suicidio, frustrado, entendido como aquel que pone todos los medios para llevarlo a efecto, pero que un imprevisto lo salva, conlleva estar en un gravísimo riesgo de volver a intentarlo.

Según la Asociación de Pediatría Norteamericana, la mayor causa de suicidio en niños y adolescentes tiene como etiología el acoso escolar.

Siendo ya presidente de la comisión rectora del programa recURRA-GINSO, vinieron a verme el director, el psicólogo, el orientador, el tutor, de un magnífico colegio de Madrid para decirme que no había habido maltrato. Este caso apareció en las primeras páginas de los periódicos, de los diarios, porque un niño de doce años, aprovechando que su madre se estaba duchando, se precipitó por la ventana, y murió. Dejó escrita una carta, brevísima, pero con una frase que nunca olvidaré: «No puedo volver al colegio». Y yo me pregunto: ¿qué acontecía en esa escuela?, ¿qué vivió él de forma tan terrible?, ¿por qué no podía volver al colegio? Ese niño tuvo hasta la delicadeza de esperar a que su madre se duchase para tomar esa decisión terrible e irreversible contra su propia vida. Es claro que no existía intención de perturbar al colegio. Algo pasaba en el colegio que no supieron captar, y que el niño vivía con una angustia vital. Y si no era acoso escolar, ¿era abuso sexual?

Haremos bien padres y profesores en hablar de estos asuntos en la escuela y en el hogar, sin adoptar un posicionamiento fiscalizador, estando atentos al insidioso ciberacoso que entra en el hogar, en la habitación y atenaza a la víctima en la escuela y fuera de ella.

Muchos adolescentes y por las características que les son propias no denuncian esta situación reincidente, vejatoria, dañina que desborda el dolor y el sufrimiento que los adultos le atribuyen.

La ansiedad, la soterrada angustia a veces carcomen el equilibrio emocional de los adolescentes y les ponen en riesgo al punto de pensamientos autolíticos y conductas de riesgo, que bien pudieran parecer de coqueteo con el suicidio. El setenta por ciento de los trastornos mentales realizan su aparición antes de la mayoría de edad.

El suicidio constituye una de las primeras causas de muerte de los adolescentes. Es la expresión extrema de autoagresión. El término muerte es común en el discurso adolescente.

De los niños y jóvenes se dice que están llenos de vida, que tienen la vida por delante, por eso el suicidio trastoca con brusquedad estos conceptos sociales. El suicidio adolescente es un hecho generalmente individual, complejo, con etiologías psicológicas, emocionales, afectivas, evolutivas, conductuales y situacionales.

Hablando clínicamente con adolescentes que han intentado suicidarse, unos tenían claro que la vida no merecía la pena, que volverían a intentarlo. Otros, no tenían claro si ciertamente querían morir. El setenta y cinco por ciento de los adolescentes con intentos de suicidio muestran marcados rasgos psicopatológicos, siendo que un cuarenta por ciento reincide al año siguiente.

Hemos de saber que la etiología de estas problemáticas es bastante profunda y no hemos de quedarnos en la superficie de las conductas, será hora de que intervengan profesionales muy especializados en la salud mental de este grupo etario.

UN TEMA QUE POR FIN PREOCUPA MUCHO

No olvidemos a los adolescentes —no niños, adolescentes— que son objeto de hostigamiento o burla mediante acoso escolar o ciberacoso.

Un problema específico y grave el acoso escolar, naturalmente, lo sufre la víctima, quizás por ser en algo distinto, por estudiar mucho, por ser grueso, por tener otra orientación sexual, por no gustar de lo que valora el grupo. Al final la víctima se siente vejada, ridiculizada, machacada y de una forma persistente, tenaz. Siete de cada diez jóvenes se han sentido, dicen, discriminados por algún motivo.

Insultos, golpes, amenazas, empujones, aislamiento, son los tipos más comunes de acoso escolar. Siendo que el noventa por ciento de los acosados presentan síntomas psicológicos, primordialmente depresión. El acoso es diario en el setenta y cinco por ciento de los casos. Pero el menor acosado tarda más de un año en pedir ayuda.

La movilización de los compañeros es la medida más eficaz para frenar al acosador, según el ochenta por ciento de los niños y adolescentes.

Pero por desgracia, solo un veinte por ciento de los acosados confirman que se sintieron apoyados.

Existen distintos tipos de acoso escolar: físico, económico, verbal, psicológico, sexual, ciberacoso. Los niños que sufren acoso en el colegio tienen mayor riesgo de sufrir problemas de salud mental en su edad adulta.

La víctima se siente vulnerable, indefensa y no sabe bien a quién comentar sus penurias emocionales. No quiere ser chivata ante el profesor, y estima que decírselo a los padres puede resultar negativo, bien porque no le den trascendencia, bien porque le exijan que se defienda a sí mismo o porque vayan a quejarse al colegio y los acosadores tomen represalias.

Y en cuanto al agresor o agresores también merecen atención, quizás empezando por una sanción severa, una notificación a sus padres y la búsqueda de implicación de estos. Los agresores saben que no son queridos y buscan en su defecto ser temidos, algo que la vida no les consentirá.

El tercer grupo es el de los que ven y callan, los que no se quieren implicar, los que adoptan el papel fácil de ponerse del lado del más fuerte. Aconteció en los Maristas, en Chamberí, en Madrid, el colegio al que yo siempre asistí. Un día, un niño dijo al hermano marista en clase:

—Hermano, tengo que salir al váter.

—Calla, calla —le respondió el profesor, y continuamos dando clase.

Al rato, un olor terrible, hediondo, invadió el aula, y otro alumno comentó:

—Este se ha *cagao*.

El susodicho, absolutamente colorado, salió caminando por toda el aula dejando un reguero de heces.

Hace un tiempo otro compañero y yo organizamos una comida de exalumnos. Llamamos a todos y, quitando algún disgusto porque nos enteramos de que alguno había fallecido, el resto nos reunimos en un almuerzo cariñoso, entrañable. Además, fuimos al colegio, una gozada. Pero sabíamos que un compañero no asistiría. Posiblemente él jamás se lo ha contado a la persona ni con la que convive. Pero nosotros lo sabemos, y él sabe que nosotros lo sabemos. Es algo que el tiempo no borrará.

Mi experiencia en la Fiscalía de Menores me ha llevado a comprobar el dolor insondable de quien se siente machacado por su grupo de iguales, ninguneado y, además, no encuentra una tabla de salvación, un apoyo, una ayuda. También he visto algún caso de matonismo mafioso, el típico adolescente que golpea, que amenaza a otro y que le obliga incluso a que robe dinero en su hogar, en la casa, a sus padres, para traérselo a él y él hacer el uso que considere de ese dinero. Mal asunto. Eso también está dentro de lo que entendemos por acoso escolar. Quiero que se sepa que a veces tiene una vertiente clara y manifiestamente penal.

Siendo Defensor del Menor decidimos grabar un vídeo contra el acoso escolar. Me puse en contacto con quien había ganado los Goya de cortos y nos fuimos a un instituto de Vallecas. Allí se eligió a los alumnos y se grabó uno precioso que se titula *Un día más*. Uno de los sábados, cuando se rodaba, me acerqué a ver la grabación y vi cómo unos chicos adolescentes ridiculizaban a otro, le robaban el bocadillo, le tiraban los libros, se quedaban con el bonobús.

—Pero, bueno, el chico que hace de víctima es un actorazo —dije en un momento determinado—. Es una maravilla.

—No, señor Urra, no —me dijo un chaval—. No es un actor, es el machaca. Es que en clase, en el instituto, este es el que se las lleva todas, y por eso le hemos dicho, haz el papel de víctima que es lo que eres.

Fíjate hasta donde los roles se acentúan, se asumen y marcan.

Las novatadas tienen mucho de sentido de dominio, de sometimiento y, en ocasiones, de maltrato. Hay que combatir las conductas de asimetría de poder.

Hay jóvenes que entienden la novatada como medio de integración, pero no son menos las víctimas que sufren recuerdos imborrables.

El apoyo parental es el recurso más importante con el que pueden contar los padres para intervenir sobre el comportamiento de acoso escolar de sus hijos.

ESCALERA DE APRECIACIÓN DEL ACOSO ESCOLAR

Soy víctima de acoso escolar si:

- Me insultan
  - Se ríen y se burlan de mí
    - Me han puesto un mote ofensivo
      - Me han tirado la mochila al suelo y la han pisoteado
        - Me han estropeado mis libros
          - Me han empujado en la fila
            - Me han chantajeado con enseñar unas fotos mías
              - No me llaman nunca para quedar cuando los demás salen
                - Ninguno de mis compañeros me habla
                  - **Hablan mal de mí en las redes sociales y por WhatsApp**
                  - **Me han amenazado**
                  - **Me han pegado y me han dado patadas**
                  - **Me han empujado por las escaleras**

Soy un acosador si:

- He insultado
- He hecho burla
- He puesto un mote ofensivo
- Me he reído de un compañero
- He tirado y pisoteado la mochila de un compañero
- He estropeado sus libros
- He empujado en la fila a un compañero
- He chantajeado con enseñar unas fotos de un compañero
- Prohíbo a mis amigos salir con un compañero determinado
- No hablo a un compañero y hago que nadie le hable
- **Hablo mal de un compañero o amigo en las redes sociales y por WhatsApp**
- **He amenazado a un compañero**
- **He pegado y dado patadas a un compañero**
- **He empujado por las escaleras a un compañero**

Hemos optado por poner estas dos escaleras, de arriba hacia abajo, por entender que cada vez la víctima sufre más, y el agresor empeora en su conducta; se degrada. Ambos se hunden sin que el resto intervenga.

13

Instrumentos de abordaje

Educar es mucho más que enseñar.
Para enseñar hay que saber.
Para educar hay que ser.

Un tema recurrente en los padres es el de las culpabilidades. Puede haber casos en que estas se ajusten a la realidad, pero mayoritariamente son falsas culpabilidades, pues los progenitores buscan hacer las cosas lo mejor posible, si bien están condicionados por la propia educación recibida, por la no siempre fácil convivencia en pareja, por las necesidades laborales y por una sociedad estresora, donde el tiempo, cual alud, se nos avalancha. No es bueno asumir erróneas culpabilidades, primero porque nos infringimos una sanción, un autoflagelo que no debiera ser. Los padres, los adultos, también tenemos derechos, como adultos y como personas. Es necesario que nuestros hijos sean conscientes de que los derechos lo son de todos, también de los hermanos, de los padres, de otros familiares.

Educar desde la culpabilidad es lastrar la capacidad de decisión, es generarse una minusvalía, es empezar pidiendo perdón, y eso el niño, el adolescente lo capta, y a partir de ahí empiezan muchos problemas porque estima que sus padres están para servirle, para darle lo que exige, que han de girar a su alrededor.

Hagamos las cosas lo mejor posible. Disfrutemos con la educación de nuestros hijos. Hagámosle saber lo mucho que nos satisface estar con ellos, pero también de nuestras limitaciones, de nuestras dificultades para compatibilizarlo todo, pues no son pocas las veces en las que, además, hay que cuidar a sus abuelos que empiezan a mostrar los achaques propios de la edad, a veces con fallas de memoria y otras que preocupan y ocupan.

> **Hacer que los jóvenes se pongan en el lugar de los demás y apoyen, ayuden, se comprometan, es parte sustantiva de una buena educación.**

Que los adultos sepamos que somos portadores de derechos es muy importante, porque derechos y deberes se dan la mano. Alguien dijo que la Estatua de la Libertad debiera tener en su reverso la estatua de la responsabilidad.

Derechos de los hijos sin duda, deberes de los hijos también, y de los padres, y de los vecinos, y de la ciudadanía. Pero es que, además, los derechos de los progenitores se fundamentan en sus obligaciones para con sus hijos, que amparan la alimentación, la salud, la educación, los medios materiales, el afecto y tantas y tantas pequeñas cosas tan importantes en el día a día. Hemos de asumir educar, que quiere decir formar en el presente para que luego desde su autogobierno se maneje en la vida con criterio, con conocimiento, con discernimiento, con madurez.

Educar es transmitir mucho amor, mucha seguridad, mucha proximidad. Dejar ver que siempre estaremos cerca cuando se nos necesite, pero que hay aspectos que son innegociables porque se deben de ejercer, como es el respeto, como son las formas, como es la actitud. Y claro que educar nos posiciona en distinto plano, para tomar decisiones, para decir «no» cuando esto es lo que hay que decir, para anticipar riesgos, para comentar las sanciones que serán consecuencia si se producen ciertas conductas.

Y educar nace del diálogo, del afecto, de la palabra, del apego, del vínculo. Educar, porque nos hemos preparado para ello, porque hemos vivenciado el camino que el adolescente empieza a recorrer.

Lo que dice la ley

Dice, sin entrar en detalles, que los padres tenemos la patria potestad que nos obliga a una guarda, a una tutela, también nos aporta derechos para sancionar, para limitar comportamientos, para evitar riesgos. Téngase presente que algunas conductas de nuestros hijos, y si estos son mayores de catorce años, habrán de afrontarse civilmente, por parte de los padres, serán ellos los que habrán de pagar las multas que los jueces de menores impongan por los daños, por roturas que estos hayan efectuado. Al ser mayores de catorce años, los menores tienen responsabilidad penal según establece la Ley Orgánica de Responsabilidad Penal del Menor 5/2000.

La sociedad, el Estado, las leyes, han de apoyar a los padres en su labor. Por tanto, somos cuidadores de nuestros hijos, somos tutores de los mismos. Y hemos de supervisar sus acciones y al tiempo equilibrarlas con el respeto a lo que es su intimidad, su espacio vital, sin confundir, con cuando silencian problemas o situaciones objetivamente de riesgo.

Los padres tenemos capacidad de decisión en aspectos esenciales como son las pautas educativas que reciben nuestros hijos, si bien en España la educación es un derecho y un deber hasta los dieciséis años, y es un derecho y un deber que se imparta la formación y la información en escuelas, colegios e institutos. No puede educarse fuera de esos contextos, por ejemplo, en el hogar. Esas responsabilidades que la ley impone a los padres —desde la atención, el calendario de vacunas, etc.— les dota también de derechos, pues el menor lo es en tanto en cuanto no alcanza la mayoría de edad para tomar sus propias decisiones a los dieciocho años. A partir de ese momento será el Código Penal el que sancione conductas tipificadas en el mismo. Es decir, un adolescente quiere independizarse, quiere hacer lo que él desea, pero vive en el hogar de los padres, bajo la responsabilidad de los padres y la potestad de estos. Es aquí donde se producen fricciones, desavenencias e incomprensiones. Pero piénsese que dejar a un menor realizar ciertas actividades le pondría en riesgo y el Estado, es decir, la sociedad, no lo permite. Los padres no podemos dejar que los niños estén en situaciones de riesgo o de desamparo. Es verdad que esto se ve muy claro cuando el niño tiene corta edad, y parece más complejo cuando ya es un adolescente, pero no nos confundamos: los riesgos aumentan en esa edad. Es decir, los padres no pueden, no deben, no han de hacer dejación de sus obligaciones.

Diálogo y acuerdos

Con los hijos hay que hablar y llegar a pactos. No diría negociar, pero sí, por ejemplo, firmar contratos paternofiliales, contratos escritos, contratos firmados por hijos y padres donde quede constancia negro sobre blanco de lo que hemos hablado, de lo que hemos acordado para obligarnos ante el otro. Este tipo de instrumento sirve para abordar aspectos que en el día a día generan roces, evitan el «tú me dijiste» o el «pues yo no creo que fue así». Se escribe, se firma y se cumple, puesto que ya está previsto lo que conlleva por las partes el incumplimiento.

Hay ocasiones en que los instrumentos del hogar como son la palabra, como son las sanciones, como es el perdón, como es la actividad conjunta, no resultan suficientes, no son eficaces. Y entramos en una dinámica perversa de decir y no cumplir, de exigir y no conseguir, de subir el tono, de los malos modos, de los gestos amenazantes. Otras veces apreciamos conductas extrañas, inusitadas, de retraimiento, de alejamiento, de pensamientos impropios, de actitudes preocupantes, de conductas que generan más de un interrogante. O ante el inicio de problemas serios como son la depresión, la violencia, el acercamiento a las drogas, las amistades nada recomendables, la adición a las pantallas, los trastornos de alimentación, entre otros. Es el momento de ir a un buen profesional; puede ser médico, psiquiatra, psicólogo clínico infantojuvenil, psicólogo educativo, terapeuta. Alguien que sepa lo que hay que hacer, y, desde esa distancia óptima, asuma las demandas de padres e hijos, pues hay que trabajar tanto con unos como con otros para aproximar posturas, que no quiere decir mediar. A veces es una de las partes la que está equivocándose, o alguien el que está en riesgo, normalmente el menor.

Piénsese en la influencia externa al hogar con respecto a nuestros hijos. En todos los estímulos que le llegan de la red social, en toda la droga que menudea a veces por los barrios, en todas las páginas atractivas que invitan al juego patológico, en esos grupos de chat que fomentan el pensamiento xenófobo y racista. En aquellos otros que estimulan la anorexia y otros trastornos de la alimentación, etc.

El apoyo de los profesionales

Hay cambios drásticos en su actitud o en su conducta que deben de ponernos en alerta a los progenitores. Estemos, por ejemplo, atentos al aumento o pérdida excesiva de peso, a los problemas de sueño, a los cambios rápidos e inopinados de carácter, a los cambios de grupo de amigos, a hablar de bromear sobre suicidio, a vestir como lo hacen miembros de bandas o de tribus, a empeorar drásticamente en las notas del colegio o instituto, etc. Desde luego faltar al colegio con asiduidad, el consumo de drogas incluido el alcohol o los problemas con la ley deben hacer que los padres, y de manera inmediata, reaccionen.

Vayamos a los profesionales, pero, por favor, vayamos cuando se atisbe el problema, no cuando el problema está desbordado. Los buenos psicólogos sabemos que lo esencial es prevenir.

Este es un libro para quien tiene un adolescente, y me alegro de que esté en tus manos, pues yo siempre he escrito primordialmente para las etapas anteriores, para educar en la prevención, en los cortafuegos emocionales. Pero llegados aquí, y, ya que tenemos un adolescente a veces en erupción, sepamos que hay profesionales que nos ayudarán a resolver problemas y a ver soluciones utilizando técnicas que unos padres no tienen por qué conocer.

Los adolescentes a veces sufren trastornos psicopatológicos encubiertos o mal diagnosticados, y ellos derivan en conflictividad. Hablamos de trastornos depresivos, de trastornos de ansiedad generalizada que muchas veces se diagnostican erróneamente como Trastorno por Déficit de Atención e Hiperactividad, de trastornos de ansiedad por separación, de trastornos obsesivo-compulsivos.

Hay bastantes adolescentes que gustan de ir al psicólogo, para hablar desde la intimidad y se sienten francamente bien.

Es verdad que un adolescente en principio tenderá a negarse a ir a un psicólogo, pero es el momento de explicarle que queremos ayudar a resolver los problemas, no tanto a ayudarle a él, sino a ayudar a la resolución de problemas. No focalicemos y señalemos al adolescente como problemático, transmitamos que hay un problema relacional y que tenemos un compromiso con él para buscar soluciones.

Los adolescentes son muy del paso al acto, a la acción, desde una no muy elaborada reflexión, y a veces dicen que no a esa primera visita al psicólogo, pero una vez que conocen al profesional y pueden hablar con confianza y se sienten escuchados, que saben que lo que dicen en gran medida será mantenido en el secreto profesional, encuentran la relación como una verdadera salvaguarda.

Estamos hablando de instrumentos, de herramientas, de métodos, de técnicas de abordaje. Una que a mí siempre me ha gustado podríamos definirla como «girando el tablero». Es decir, preguntarle al adolescente cómo se comportaría él si tuviera una hija o un hijo que hace, expresa, o se muestra como ella, como él. Plantearle que qué hará como padre, como madre con un hijo que adopta ese posicionamiento, que lo estudie, que lo analice, que lo vea, que lo plantee. No es fácil, pero abre la puerta a otra forma de pensar, de sentir, de posicionarse.

Tú como padre tienes la autoridad y has de ser siempre respetado y has de hacerte respetar. Pero los progenitores hemos de ser maduros, equilibrados, serenos, no podemos, cual adolescente, entrar al reproche continuo, a la presión física de proximidad, al grito, al histrionismo, a perder el control. Dejarse llevar a esos posicionamientos nos empuja a una lucha de igual a igual que previsiblemente conduce al desastre.

> **Tenemos el arte, el deporte, el tiempo de ocio, como una fórmula de proximidad, de disfrute compartido, de alegría, de distensión. Aprovechémoslo, fomentémoslo.**

Es decir, hay momentos de fricción, de incomprensión, de malas caras, pero no se trata de mantener numantinamente la posición y generar un ambiente que se corta con cuchillo y hacer del hogar un lugar inhóspito para todos. Conseguir una sonrisa cómplice es vital. Saber que hay momentos malos, pero que hay otros muy, muy agradables, nos permite convivir, esperanzadamente, ilusionadamente. Enseñemos a nuestros adolescentes a aprender de ello, de nosotros, pero posicionémonos para aprender de ellos.

14
Líneas rojas

El adolescente busca encontrarse a sí mismo,
pero el sí mismo no se encuentra, se crea.

A los padres en general, siempre les ha preocupado «la droga», el consumo por parte de sus hijos de la droga. En este aspecto hemos de señalar de nuevo que existe una mayor permisividad con el consumo del alcohol, entendiéndose que este no es puramente una droga tanto por nuestras tradiciones, nuestra cultura, nuestra forma de consumo social y acompañado de alimentos.

Hemos hablado de que los adolescentes comparten la visión de las drogas como un componente instrumental en contextos festivos, que, además, les ayuda a la desinhibición. Lo consideran como parte de un atrezo festivo. Pero en realidad lo que consumen más es alcohol en los denominados botellones y «quedadas». Alcohol en este caso de muchos grados que lleva a situaciones incluso de comas etílicos.

Reitero una vez más —y aunque me repita— que hay una gran permisividad social con respecto al alcohol no exenta de alguna publicidad, que sin dirigirse a los menores, les hace sentir que es una prueba más de ser adulto e independiente.

Comportamientos dañinos

Los horarios en España son absolutamente kafkianos. Muchos adolescentes han de salir, si quieren divertirse y quedar con los amigos, a eso de las doce de la noche para regresar a casa cuando ya ha amanecido. Estos desajustes horarios suponen también una gran dificultad para la relación padres e hijos, pues estos pasan casi todo el día durmiendo para volver a salir.

Que un adolescente esté solo en la calle de madrugada no es correcto. Entonces, ¿por qué muchos padres lo permiten? Por no discutir, porque consideran que es lo normal, que lo hacen todos, que es la forma de pasarlo bien. Créeme, hay mucho que perder y muy poco que ganar.

En España se inicia el consumo de alcohol entre los trece y los catorce años, algo aberrante. Además, los chicos sienten que controlan, que es solo de fin de semana, y que lo hacen porque les desinhibe, provocando ocasionalmente hechos vandálicos, hechos violentos y, puntualmente, agresiones sexuales.

Como venimos diciendo, no son pocos los adolescentes que explican que han de beber alcohol para integrarse en el grupo, pues no se interpreta bien tomar algo sin alcohol. Hay que situarnos contra la formidable presión para el consumo, la ingente y estúpida aceptación social, la inconsciente banalización del alcohol, del cannabis muy extendido.

Tenemos un gran problema con el ejemplo que, en general, damos los adultos, no se tiene mucha fuerza pedagógica, indicando al hijo que no beba cuando siempre estamos quedando para tomar una copa. Los bares son lugar de encuentro de nuestra sociedad a los que acudimos con niños de corta edad. Además, este depresor del sistema nervioso central conlleva que en ocasiones los adolescentes consuman elementos químicos que, como dicen ellos, les suben el ánimo. Esta conjunción es siempre peligrosa. Y no olvidemos que a veces viajan en coches con jóvenes con los riesgos que todo ello conlleva, si bien pareciera que sí se ha asumido por el colectivo que quien ha de conducir no debe beber. Al respecto es importante la labor que realizan los miembros de las fuerzas de seguridad.

Enfrentar los posibles consumos de nuestros hijos supondrá inicialmente un choque, pues lo consideran un derecho generalizado y llevado a efecto por el grupo de iguales, pero es esencial para el buen crecimiento y valoración de los adolescentes, para evitarles riesgos, para que no sufran daños en su memoria, en su capacidad de atención y concentración.

El criterio es que la vida hay que vivirla sin artificio, sin atajos, mostrándose tal y como es. Pero no es menos cierto que hemos de exigir de los gobernantes que los adolescentes y jóvenes tengan muchísimas más opciones de divertimento del que a ellos les puede gustar, ya sea música, diseño, deporte, teatro y otras artes, naturaleza, etc. No demos esta batalla por perdida y esta etapa de la adolescencia unida al alcohol y otras drogas.

Ya hemos dicho que está entre nuestras obligaciones paternas supervisar las acciones de nuestros hijos, lo que traen a casa y sus conductas, repito, que pueden ser también de trapicheo y venta de droga, lo cual nos puede situar en contacto con otras personas nada deseables. Atención a la desaparición del dinero, es una prueba inequívoca de un problema, se llame consumo de drogas, ludopatía, ser víctima de un chantaje, etc.

Algunos adolescentes exploran las drogas, el sexo, los riesgos, pero son muy pocos los que se quedan enganchados. Es cierto que se orientan a la experimentación de sí mismos, de sus propias posibilidades en la búsqueda del placer y de la gratifica-ción. Pero la droga nada puede hacer contra una personalidad madura y estable, así lo confirman distintas investigaciones, y la realidad de todos los que las abandonan cuando han satisfecho su curiosidad, cuando el reclamo de lo nuevo deja de serlo.

Los adolescentes más predispuestos a convertirse en droga-dictos son los que sufren problemas de salud mental o los que tienen alguna estructura psicopatológica, sobre todo depresión, una organización límite de la personalidad, una esquizofrenia paranoide o una personalidad profundamente narcisista.

La influencia del centro educativo en los alumnos es muy alta. Esto lo comprobamos cuando ya somos mayores. También en ese sentido, lo que transmitan acerca del consumo de drogas.

BUSCAR SOLUCIONES ILUSORIAS EN GRUPOS Y SECTAS

A veces nuestro adolescente, con sus características persona-les, se encierra en sí mismo, pasa muchas horas delante de su pantalla y tiene pocas actividades grupales en el exterior con sus iguales —«No sé qué siente, qué piensa mi hijo. Está siempre solo, sin amigos, gusta del aspecto tanático, habla de armas, compra catanas u otro tipo de armas, aunque sean simula-das»—.

Los adolescentes conectados siempre a internet, con vídeos y temáticas violentas y que están desconectadas del contacto propio de amigos son un riesgo.

Atención, porque se disparan todas las alarmas. Están rumiando ideaciones no siempre fantásticas, a veces amasando odio, rencor contra el mundo, y un día vomitarán su malestar, su pensamiento tóxico. En ocasiones se recrean en el rencor sin recibir vacuna para tan peligroso sentimiento. Jóvenes desesperanzados, con náusea existencial, que desean reconvertir su sufrimiento en dolor ajeno. No se trata de escudarse en la genérica sociedad para eludir la responsabilidad de algunos padres, con nombres y apellidos, de material tóxico en la red, de series de televisión perversas, de erotización pornográfica de la infancia, de incapacidad para imponer límites, para transmitir el autodominio, la aceptación de la frustración, el diferir gratificaciones. Un entorno muchas veces patológico de acceso a corta edad al alcohol y otras drogas.

A partir de ahí el joven se convierte en alguien en riesgo para incluirse en algún grupo sectario o fanático, al ser permeable a la información que le llega focalizada y sin ningún filtro. Este tipo de chicos o chicas muchas veces es manipulable y fácil de inducir dada su inseguridad, su escasa capacidad asertiva, su dificultad para decir no y su baja capacidad crítica. Hay que advertirle, por ejemplo, de mitos idealizados, de líderes de sectas religiosas, etc.

Los progenitores han de prevenir este grave riesgo, sabiendo que la sintomatología está en las expresiones de los hijos, en los tatuajes, las lecturas, que se convierten en temáticas radicales incuestionables. Esta prevención debe hacerse con diligencia, ya que una vez que se radicalizan, es muy difícil salir de ese pozo sin fondo en el que se produce una «visión de túnel». No hay nada más alrededor, nada que debatir, nada que dialogar, nada que contradecir.

Cuidado con las sectas, pues los adolescentes se sienten arropados por el grupo, y de esa manera a veces atajan sus problemas, sus angustias personales. Digamos que las exorcizan.

No son muchos los casos, pero sí existen de radicalización de grupos violentos que a veces se amparan en deportes de masas como el fútbol, donde los colores son lo de menos, lo importante es sentirse parte de un grupo que tiene enfrente a otro; la cuestión es desarrollar la violencia que nace de un malestar interior. En ocasiones se buscan símbolos —ya sean esvásticas, o anticapitalistas, o de todo tipo— para sentirse «hermanos» desde la lealtad y el compromiso, y ejercer una violencia que se convierte en el norte y discurrir de la vida. Mi experiencia en la Fiscalía me ha mostrado cómo el pensamiento se convierte en un pensamiento único, inquebrantable y difícil ulteriormente de reorganizar.

En chicos provenientes de países latinoamericanos, también por adopción, existe el peligro de radicalización en maras donde se busca el poder, zonal, ya sea de los Latin King, los Salvatruchas, etc. También existen los que se dejan llevar por otro tipo de fanatismo, en este caso yihadista, pues el ISIS se muestra atractivo y tecnológicamente desarrollado, aun cuando sus planteamientos sean medievales, machistas y sectarios.

Hay chicos que tienen náusea interior, se sienten mal, por tanto, su mecanismo defensivo es dañar a los demás. También los hay que no tienen ya amor a la vida propia, si se les da una razón, aunque fuere para matar, su existencia se llena de razón.

Por último, tenemos a las niñas y niños que son abducidos por sectas pseudocientíficas, pseudorreligiosas, normalmente con una organización y estructura piramidal que buscan alejar al hijo y la hija en cuanto cumpla dieciocho años de sus seres queridos. Son salvadores del mundo, iluminados que buscan obtener también rentabilidad económica, compatible a veces con al abuso sexual.

Ante el menor atisbo de lo aquí escrito, los padres han de parar su actividad cotidiana, irse a la Fiscalía de Menores más próxima y denunciar la situación para abordar el tema desde la protección del menor, desde la persecución penal de los incitadores. El peligro es inminente y cuanto más se confirme en sus planteamientos, más difícil será la restructuración cognitiva, crítica, de asunción y análisis de la realidad. Digo que es importante que participe la Fiscalía, ya que estos adolescentes son bastante refractarios a lo que es una terapia ordinaria; además, entienden que pueden y deben engañar, pues, repito, son inicialmente impermeables.

Prácticas y hábitos insanos

A veces los adolescentes se dañan de manera consciente. Como hemos visto ya, se trasmite mucho en la red que en caso de frustración, para dar salida a la cólera, a la ira, es bueno hacerse pequeños cortes en el antebrazo con un cúter. Cuidado también porque los padres deberemos estar atentos a ese síntoma que nos muestra su claro malestar. En otras ocasiones son las rumiaciones negativas las que identifican ese estar mal, induciéndose ideas negativas sobre sí mismos, sobre cómo son, cuál es su familia, características físicas, etc. No olvidaremos tampoco los trastornos de alimentación con conductas, a veces, muy dañinas en esta etapa del crecimiento y desarrollo físico y mental que dan paso a diagnósticos de bulimia y anorexia, enfermedades severas de origen psíquico.

Desde luego tiene un trasfondo psicológico. El temor a convertirse en obeso, aunque la adolescente se encuentre por debajo del peso normal. Hay que ponerse de inmediato en manos de profesionales, primero de la medicina, después necesariamente de la psicología. Y desde luego, en lo posible, en casa habrá que preparar comidas lo más equilibradas, ver todo el tema de la actividad física, en fin, hay que acudir a especialistas.

El trastorno alimentario se oculta. Hay que observar si evitan comer, se saltan ingestas, se provocan vómitos, se muestran muy preocupados por la dieta o por el peso, no desean ir a eventos sociales en los que se suele comer.

El cuarenta y tres por ciento de quinceañeros utilizan la palabra «gordo» para describirse, cuando es el veinte por ciento de ellas las que cumplen con el criterio de sobrepeso u obesidad.

Cuando el adolescente plantea que desea ser vegetariano, habrán de descartarse problemas de alimentación y realizar un seguimiento médico nutricional, pues desde luego precisan vitaminas como la B12 de manera incuestionable, o la B2. Ah, atención también al posible déficit de calcio.

AUTOESTIMA, MELANCOLÍA Y DEPRESIÓN

En algún caso podemos ver adolescentes con trastornos de ansiedad, con fobias escolares o sociales, incluso con ataques de pánico de muy variada sintomatología.

El tema de la autoestima es algo que requiere de un verdadero equilibrio, ya que una autoestima excesivamente elevada, irracional, genera unos comportamientos yoicos, soberbios, narcisistas, desajustados, e impropios.

Claro que es bueno que los adolescentes, puntualmente cuando lo merecen se sientan orgullosos por lo realizado, pero cuidado con inflar la autoestima, porque son muy tendentes a ponerse pedantes y narcisistas. Pero no es menos cierto que una baja autoestima, o una quiebra de la autovaloración, pone en riesgo a nuestros adolescentes.

Musculemos cognitiva y emocionalmente a nuestros hijos, anticipando que los posibles traumas no permiten la reversibilidad, exigen un proceso para encajar el golpe.

Prestemos atención a cómo es valorado por sus compañeros de colegio, por su grupo de amigos; un maltrato escolar, por ejemplo, un distanciamiento afectivo de los suyos, puede hacer que su valía decaiga al punto de situarse en posiciones de riesgo.

Malas son las conductas heteroagresivas, pero desde mi punto de vista aún son peores las autoagresiones, pues esta es una etapa de muchísimo riesgo y el ser humano debe quererse a sí mismo para poder llegar a entender, aceptar y convivir con el otro.

Pensemos, tengamos presente, que la subjetividad es una característica de nuestra especie y aún más en la adolescencia, donde la opinión del adulto pareciera no es aceptada ni valorada, pero sí esperan —como hemos dicho— un apoyo, una sensibilidad, un captar, un estar a su lado.

> **No esperamos que pidan ayuda, generalmente no lo harán, pero es por eso mismo que la precisan.**

Los adolescentes, aun de forma paradójica, también sufren a veces de melancolía y de depresión. Estemos advertidos cuando pierden el interés por aquellas actividades con las que disfrutaban, se aíslan, muestran un ánimo depauperado, se colocan delante de una televisión durante horas, se muestran apáticos, encerrados en sí mismos, solo escuchando música, se expresan con frases del tipo «nadie me quiere», «no valgo para nada», «tengo un nudo en la garganta», «siento presión en el pecho» y se alteran cuando los padres intentan sacarlos de ese aislamiento. Podríamos estar ante los síntomas de una depresión.

La depresión en la adolescencia cursa con trastornos de conducta —fugas, desobediencia total, faltar a clase—. Problemas escolares graves, descartándose los intelectuales o de aprendizaje. Tendencia a adicciones —drogas/alcohol—. Conducta sexual anárquica. Comportamientos delictivos. Quejas psicosomáticas. Trastornos del apetito y/o sueño.

Un tres por ciento de la población infantil padece depresión, no siempre correcta ni precozmente diagnosticada. En los adolescentes la depresión se oculta tras manifestar problemas de conducta, agresividad e ideas suicidas, ocasionalmente consumo de alcohol u otras drogas.

> **Ante la presencia de posibles síntomas de depresión infantil, hay que acudir a un psicólogo clínico especializado en menores.**

El tratamiento requerirá de potenciación de habilidades sociales, posible psicoterapia, y quizás administración de psicofármacos antidepresivos.

EXPERIENCIAS NOCIVAS Y VIOLENCIA

Se da el caso de algunos adolescentes que se fugan para sentir una experiencia. Pero es siempre peligroso el estar fuera de casa, a veces hay adultos que pudieran abusar en cualquier sentido de ellos. Tenemos que explicarles que eso nos generaría una preocupación absoluta. Y en caso de que la realicen, la fuga, habrá que recepcionarles con todo el cariño y al mismo tiempo con toda la seriedad y la sanción que conlleve.

Esto debe de interpretarse como un fenómeno donde están buscando la libertad, pero también es una agresión, no sé si directa o indirecta, a los progenitores. Claro que al regreso hay que acoger al hijo, hay que escucharle, pero es una señal de alarma, y requiere de nosotros tanto cariño como asertividad y, desde luego, no dejarnos chantajear.

Otro aspecto muy preocupante es cuando un hijo sustrae pequeñas —o no tan pequeñas— cantidades económicas del hogar. La respuesta tiene que ser inmediata y tiene que ser severa, porque menoscaba sin duda la confianza necesaria.

Tenemos algunas chicas y algunos chicos que muestran, y desde corta edad, una violencia sin límites, incontrolada y en la que se confirman y ratifican. Al ser adolescentes comprueban que en ocasiones la violencia, o el miedo al estallido de la violencia, funciona para conseguir sus objetivos. Estoy hablando de los jóvenes que amenazan, golpean, rompen, e incluso se autolesionan para conseguir su objetivo.

Hemos visto a niños de muy corta edad que sorprenden por su dureza emocional, por su distanciamiento afectivo, por su forma de ejercer la violencia. Es ahí, en esos primeros años, donde debemos atender a esta conducta tan disruptiva, tan problemática, me refiero a ese niño que clava el lápiz en la mano de su compañero. Pero, ya que este libro se ciñe a la etapa de la adolescencia, veamos cómo debemos actuar.

La violencia es absolutamente inaceptable, venga de donde venga, ya sea del Estado, ya sea de otro ciudadano, de la pareja, de los padres o de los hijos.

La violencia requiere ser parada en seco, no ceder, no ser chantajeado, y que, además, obtenga una respuesta sancionadora, clara y contundente.

Cuando el adolescente se ha empoderado en esa conducta violenta que le sirve, muchas veces impone el miedo en sus hermanos, en sus progenitores. Ese círculo perverso es muy difícil, muy difícil de romper. Precisamos la ayuda del exterior, y de nuevo vuelvo a señalar la opción de la Fiscalía de Menores para enfrentar al adolescente con sus inaceptables conductas.

Soy consciente de que para una madre, para un padre, es muy duro denunciar a su hijo, pero igual que si se está desangrando le llevaríamos a urgencias de un hospital, la conducta violenta requiere una respuesta inmediata que le haga comprobar que no va a poder imponer su voluntad, que tenemos herramientas democráticas en el Estado que pueden limitar su libertad. Será desde ahí donde pueda haber un cambio cognitivo, una modificación en su posicionamiento.

La violencia no puede ser justificada, y no lo dudes, las palabras no van a conseguir pararla. Es chocar contra la dura realidad la que resituará a un violento que generalmente lo es desde hace mucho tiempo, gran parte de su vida.

Los menores que cometen hechos que están tipificados como delitos o faltas tienen un entorno, una realidad, digamos en el mejor de los casos, compleja; por tanto, tienen un pasado, y muchas veces tienen un oscuro futuro. No, un adolescente puede cometer un hecho llamativo, sorprendente, pero puntual. La carrera delincuencial se inscribe en una realidad, ya digo, social, del entorno, de posicionamiento muy negativo.

15

EDUCAR SIEMPRE ES CONTRACORRIENTE

Reconozcámoslos con sus claroscuros,
y tratémosles con afecto, con respeto,
con seriedad, no exento de humor.

Existe en la sociedad un tópico que trasmite que los adolescentes, por serlo, son un problema, que vamos a padecer una etapa dificilísima, que todos son desaires, dificultades, choques. Y eso, simplemente, no es verdad. Muchos adolescentes pasan por esa etapa de una manera tranquila, por supuesto con alguna dificultad, pero sin enfrentamientos dignos de reseñar.

Es verdad que a veces muestran cambios de humor repentinos, actitudes duras hacia los progenitores, a veces agresivas. Sin embargo, aunque muestren rechazo, precisan de apoyo de aquellos que les quieren.

VIVIR EN UN *JET LAG* PERMANENTE

En psicología hablamos muchas veces de la profecía auto-cumplida —a la que ya hemos hecho referencia en un capítulo anterior—, y es que si anticipamos que vamos a tener un problema, demos por hecho que lo tendremos, pues el adolescente entenderá que es lo que se espera de él, alguien problemático, quejicoso, exigente y aun intratable.

Nosotros somos los adultos, además, somos sus padres, somos los que les hemos trasmitido todo, les hemos protegido, les hemos cuidado, les hemos dado la vida. Ahora los estamos también preparando para ser adultos, para la independencia, y nos estamos preparando nosotros para que ya no sean nuestros niños, sino personas con su propio objetivo vital, con su propia independencia.

Precisamos corresponsabilidad y desde luego los padres han de alejar culpabilidades por cuidarse, por practicar deporte, por entender que no se vive para los hijos, sino con los hijos.

> **El lugar del adulto es el de interlocutor; aunque en ocasiones no lo parezca, la ambigüedad acompaña a los adolescentes.**

Hay una pregunta que los adolescentes se formulan, pero que no siempre comparten: ¿Qué voy a hacer con mi vida? Evitemos, en lo posible, que vivan permanentemente en la ansiedad y en la angustia. Y si tenemos problemas con ellos, sepamos que se trata de una etapa que no hemos de rehuirla, que hemos de afrontarla, canalizarla, y, en ocasiones, relativizarla y minimizarla.

Hay que describir los problemas. Describir los sentimientos. Ofrecer una opción. Expresar las expectativas propias. Busquemos para la resolución de conflictos soluciones consensuadas: exponer, anotar, revisar los distintos puntos de vista. Resulta positivo que los padres expresen lo que sienten.

Padres e hijos se doctoran tras superar la compleja transición psicosocial. Ellos nos ven como un referente al que hay que contradecir y del que hay que desligarse, pero nos precisan, aun cuando sea para enfrentar su posicionamiento con el nuestro.

Los adultos debemos evitar intentar estar siempre seduciendo a los adolescentes o comprando su conducta dejándose chantajear. Tampoco deben de identificarse o buscar, como hemos dicho, parecerse a los adolescentes. Ni realizar comportamientos que son propios de ellos.

Posiblemente tengamos amigos que también tengan hijos adolescentes y podremos hablar con ellos de lo que aprecian, de lo que les interesa, de lo que les motiva, de lo que les enerva. Pero también comprobaremos que, dependiendo de las pautas educativas del propio hogar, la adolescencia se muestra de muy distintas formas.

Los factores individuales, los familiares, los contextuales, los generacionales, todos ellos influyen en la intensidad o en la virulencia de esta etapa. Ahora bien, serán más alegres, más optimistas, dependiendo de lo que hagamos y también de lo que hayamos hecho. Un trato alegre, respetuoso, de aprecio, de estima, de reconocimiento, sin duda ayuda, y mucho.

Los padres no deben renunciar a su yo social, a su descanso, a su propia identidad. A ser pareja, a ser felices. ¡Atención! al riesgo del adolescente crónico que no busca independizarse.

De los padres se espera serenidad, paciencia, criterio y, al fin, trasmitir que, aunque nos cuesta a veces por su conducta, les queremos mucho, y sabemos que ellos nos quieren mucho, y les solicitamos que se autocontrolen en lo posible y que no sean agresivos en la expresión, despectivos en el gesto, porque somos personas, porque nosotros también tenemos dificultades, porque también hacemos esfuerzos, y porque un día no muy lejano ellos quizás tengan que educar a sus propios adolescentes.

Las propias características de la adolescencia les hace proclives a la sensibilidad, a veces a la hipersensibilidad, pero también a querer aprender o conocer o curiosear ámbitos desconocidos. Siguen siendo muy flexibles, aunque su aspecto sea en ocasiones, ya hemos visto, de dejadez, de cansancio, de caminar con los brazos y los hombros caídos.

Siempre hablamos y con razón de la importancia de la infancia, del desarrollo neurológico, de sus potenciales y de cómo es ahí donde se marcan en gran medida las expectativas de la vida, pero no es menos cierto que en la adolescencia existe otra ventana de oportunidad para redirigir la existencia, para tomar criterio, para iniciarse en las decisiones.

FUTURO SEGÚN SUS PROPIAS CAPACIDADES

Ya pronto llegará el mundo laboral, universitario, pero será en esas lecturas, en esas músicas escuchadas, en esas noches en vela, en esas conversaciones con otros chicos y chicas donde se habrá instaurado una forma de situarse entre los demás.

Hemos de estar en contacto con su tutor escolar, apoyando la motivación por aprender, supervisando que asiste a clase. Evitemos que pierda el ritmo de aprendizaje como preámbulo a un riesgo, el abandono de los estudios.

A veces percibimos en el hijo una inhibición intelectual, pero no podríamos hablar solo de inflexión escolar, sino de un cambio radical en el rendimiento en su colegio o en el instituto, y en ese caso suele haber alguna causa más profunda que puede indicar desde una depresión hasta un estado de ansiedad o de angustia extremo.

En cuanto a la elección de la profesión, pueden basarse en sus propios gustos orientados por un psicólogo, en sus capacidades, elegir por oposición, por ejemplo, lo que le quieren imponer los padres, o bien siguiendo a amigos o alguna figura de referencia.

Tenemos gran cantidad de jóvenes mal preparados para la sociedad de la información y el conocimiento por su escasa formación profesional. Y, sin embargo, hay un número excesivo con estudios superiores respecto a la oferta de ocupaciones de profesionales existentes en el mercado laboral.

Dado que los adolescentes tienen más información, precisan más educación. Han de saber cribar, contrastar. Ayudemos en la toma de decisiones respecto a sus estudios futuros y proyección laboral. Aportémosles contactos —familiares, amigos, conocidos— que les hablen de las bondades y dificultades de sus respectivos desempeños.

> **Se debe fomentar la formación profesional entre los jóvenes que tienen dificultades para acceder a la universidad como una forma de reducir las tasas de abandono temprano de la educación.**

Esta no es una etapa para imponerles, pero sí para mostrarles tantas y tantas posibilidades como la vida permite, para que opten y se apunten a actividades de aprendizaje, de ocio, de cultura. Para que desarrollen sus talentos o simplemente los conozcan. Es positivo que se expresen mediante el arte, la creatividad y la práctica del deporte.

Un juego muy bueno, y que se puede hacer en familia, es el ajedrez, porque se ha dicho que es el mejor gimnasio de la mente. Incentiva la inteligencia cognitiva, el desarrollo de un pensamiento crítico y estratégico, y, desde luego, la inteligencia emocional.

Si tienen oído o si les gusta, potenciemos la música, porque tiene un efecto cohesionador, requiere atención y trabajo en grupo, enseña a escuchar a los otros, y facilita el control de impulsos y la toma de decisiones.

Es importante que los padres sepamos qué series ven nuestros adolescentes. Que una chica o un chico empiece a leer con gusto, con avidez, o toque un instrumento musical, o se dedique a un arte plástica, o a la danza, o practique un deporte, está sin duda creando una personalidad, una forma de ser y de estar, un proyecto de querer ser.

Hay adolescentes que practican deporte y está bien, muy bien. Que exige energía, que exige tiempo, ahora bien, vamos a intentar limitarlo en horas semanales; no puede ser un tema que les absorba, que sea abusivo. ¿Qué decir? Seis o siete horas máximo a la semana.

EL PRESENTE, SIEMPRE EFÍMERO

Los adultos quieren evitar riesgos, desean prevenir, y una buena fórmula es dar opciones para que se sientan a gusto en algo que les estimula, les motiva, les hace sentir bien, y es muchas veces también el canal donde aflojar la tensión propia de esta etapa de cambio y transformación que un día desaparecerá y será difícil volver a retomar.

Los adultos tendemos a anclarnos en la nostalgia del pasado o en la incertidumbre del futuro, y más ahora con una pandemia que nos ha enseñado el rostro de la vulnerabilidad, de la indefensión, de la angustia, del miedo. A la espera de una vacuna, de una medicación, pero hipervigilantes con situaciones similares o quizás más letales. Solo los niños pequeños disfrutan del presente.

Venir al mundo presupone saber que se va a morir y, por ende, hemos de asumir una realidad incuestionable e imposible de variar. El futuro está para en lo posible crearlo, anticiparlo, visualizarlo, y aún disfrutarlo, aún con la conciencia de que quizás no sea lo que imaginamos o deseamos llegue a ser.

Y en relación con nuestros adolescentes, ya hemos dicho, nos preocupa qué les acontecerá, con quién vivirán, dónde trabajarán e, incluso, cómo educarán. Así somos, seres tendentes a huir de la realidad y a preocuparnos con las sombras del mañana. Nos cabe disfrutar y trabajar en lo humilde, en lo sencillo, en el hoy, conformando personas con valores, con virtudes, con honradez, con delicadeza, con criterio.

Abordemos los temas. A veces un adolescente dice que se avergüenza de que sus amigos vean dónde vive. Hablemos de la dignidad, del honor, del esfuerzo, del trabajo bien hecho para que se sientan orgullosos de nosotros, no por lo que tenemos, sino por lo que hacemos, por lo que somos, por lo que transmitimos.

Al fin serán ellos y sus circunstancias los que conformen su existencia, que no nos pertenece. Nuestra labor es de formación, de transmisión, de ejemplo, nada más, nada menos. Resulta muy positivo, para quitar el foco de su persona, que hable-mos de nuestras dudas, incoherencias y problemas.

Creo que es innegable que educamos con el ejemplo, y si queremos que nuestros adolescentes se controlen, se autodomi-nen, sean dueños de sí mismos, es esencial que vean coherencia entre lo que decimos y lo que hacemos.

Los adolescentes revolucionan por lo que hacen, pero tam-bién por lo que remueven en el recuerdo, en la memoria de los mayores. De aquellos años que vivimos y que no volverán, de las ingenuidades que padecimos, de las conductas de riesgo que realizamos.

Los adolescentes a veces tienen hermanos más pequeños y es muy interesante que los atiendan y los cuiden, además para ellos serán siempre un modelo a seguir. En cuanto a los abuelos, la conducta debe de ser siempre no solo de cariño sino de respe-to, porque hay que saber que han llevado una vida con esfuerzo y con mucha dedicación.

> **En la búsqueda de un lugar en el mundo, el contexto les influye sobremanera.**

Cierto es que hay momentos, lugares, circunstancias que predisponen a perder los nervios, a dejarse llevar por la pulsión, por la emoción no elaborada, pero sería un muy mal ejemplo, y hemos de ser conscientes de ello, hemos de anticiparlo, esa es la labor del educador, que le condiciona, que le mejora, que le obliga. Y me estoy refiriendo también a los momentos de ocio, cuando el relajo se apodera, y a los que llegan tras situaciones difíciles en que buscamos escapes. Somos personas no más, pero tener que dar ejemplo, mostrarnos ecuánimes nos mejora, y es que convivir con una hija o un hijo personalmente creo que sirve de crisol, de nuestra forma de ser, pues en algo, no en poco, nos debemos también a ellos.

No estoy diciendo que sea fácil, muy al contrario, pero ese es el reto, el atractivo reto, el que se asume cuando se es padre, quizás sin ser consciente de ello.

Y un día hay que hacer la declaración de Hacienda, y otro cuando vas conduciendo te sacan los cuernos, y otro… el adolescente, nos observa, aprende, interioriza, se forma.

Naturalmente que nuestra responsabilidad no se diluye, pero sí se comparte con el grupo de iguales, con la red social, con los medios de comunicación, con el ambiente social y con la forma de ser intrínseca de nuestros hijos.

Este es todo un tema, ¿qué quedó de aquella etapa?, ¿qué recordamos?, ¿qué quisimos hacer, qué no hicimos?, ¿nos arrepentimos de algo? En conclusión, si fuéramos adolescentes hoy y aquí, en nuestras circunstancias, ¿nos diferenciaríamos mucho de nuestro adolescente, así debiera de ser?

La adolescencia es una etapa única en la vida que hay que vivirla, que hay que disfrutarla, que quizás haya que sufrirla.

Yo aconsejo que si nos quedan nuestros mayores, los abuelos de nuestros hijos, hablemos con ellos para recordar cómo fuimos en esa etapa de la adolescencia o cómo nos recuerdan ellos. En las fiestas del pueblo, en los apasionados y efímeros amores, en los inabarcables silencios, en las tristes melancolías, en las gozosas alegrías.

Quizás no sea cierto lo que voy a decir, pero a veces y como expresaba y dibujaba el genial Antonio Mingote, con el que tuve la suerte de compartir no solo almuerzo y mantel, sino charla, somos muy críticos con los adolescentes porque ya no lo somos, porque consideramos los tiempos anteriores como mejores, siendo la única verdad que éramos más jóvenes.

Debiéramos cuestionarnos si nos indigna la libertad, la inconsciencia, el egoísmo de nuestro adolescente. Pareciera casi como unos malos celos —todos lo son— generacionales.

Adónde van, con quién están, qué les importa, por qué anteponen a otros a quienes les damos cobijo.

Susurra al fondo una cháchara que nos dice cuán ingratos, qué poca dedicación a quienes les hemos arropado.

No, no quiero cargar a los padres con culpabilidades que son injustas, que no son ciertas, pero sí plantear si existe esa chispa de adolescente adulto que quisiera volver a serlo para romper con lo establecido, con la norma, con la tradición, con las músicas, con los formalismos. Hoy nos toca manejar a este adolescente y responsabilizarnos de nuestros padres ya dependientes. Hablamos de la vida que es larga, que es extensa, que es efímera.

16

La visión de los adolescentes

Aunque parecen lejanos,
recepcionan los mensajes.
En ocasiones amplifican emociones.

N o es fácil abordar este aspecto: ¿cómo se ven ellos mismos? ¿Se ven como grupo, se ven iguales, se diferencian por género, por formación cultural, por clase social? ¿Cuándo se va a hablar de lo positivo de los adolescentes? Los medios de comunicación dan una imagen negativa de ellos al adjetivarlos junto a los temas de violencia, anorexia, acoso, alcohol... No me cansaré de repetirlo, se criminaliza injustamente a los adolescentes.

Es un periodo en algo confuso, donde la autoestima, ya hemos hablado de ella, pareciera hipertrofiada, ocultando que se tambalea. Para encontrarse a sí mismos han de separarse emocional y físicamente de sus adultos.

Secretos necesarios

Publiqué un libro, *¿Qué ocultan nuestros hijos? El informe que nos cuenta los secretos de los adolescentes y lo que callan sus padres,* en el que se indagaba sobre las partes silenciadas por los hijos y las que ocultan los padres. Un trabajo arduo y esclarecedor. Han pasado los años, pero se siguen silenciando muchos aspectos, ocultando a los demás aquello que creemos que nos pone en tela de juicio. Es más, creo que todos tenemos ángulos muertos para nosotros mismos. Así somos.

Los adolescentes, que naturalmente necesitan un espacio personal y su intimidad, no quieren comentar ciertos temas con los padres porque lo consideran un signo de debilidad; por ejemplo, ellos no hablan del consumo de drogas porque, además, lo entienden como natural, aunque sea un tema exorcizado por los adultos. Por otro lado, los padres a veces no hablan a los hijos sobre videojuegos o sobre drogas sencillamente porque no saben, pero aunque resulte llamativo y paradójico, a veces los adolescentes creen que son transparentes; es decir, que los adultos pueden llegar a saber lo que piensan.

> La mayoría de los secretos de los adolescentes son inocentes. En ese sentido sépase y recuérdese que las confidencias forzadas conducen a veces al resentimiento.

El sexo, las drogas, el alcohol, las primeras salidas de casa, la vida y la muerte, sus miedos... son algunos de esos asuntos que cuesta contar cuando se está en familia. Los jóvenes dicen esperar el mejor estado de humor de los padres para hablar de determinados asuntos; es decir, ellos eligen también cuándo es el momento para conversar. También es verdad que a veces les interesa que los padres dispongan de poco tiempo y así tratar temas incómodos o cuya respuesta debe ser inmediata.

Cada familia tiene un código comunicativo. En general, prefieren comunicarse con las madres, pues son más abiertas y aceptan mejor sus opiniones. En ocasiones utilizan la argumentación lógica como estrategia para modificar la opinión de los padres, en otras la técnica que emplean se llama persistencia.

Los adolescentes quizás sean conscientes de que son un boceto, un proyecto que ha roto el cascarón, que eclosiona, que sale a la vida, que se abisma. Que perciben que la libertad exige responsabilidad, no todos los adolescentes cursan de la misma manera ni evolucionan de la misma forma, pero hay algo cultural de cada época que tiñe la adolescencia con el aroma del momento en que se traspasa.

Los adolescentes miran en los otros para intentar encontrar respuesta a sus preguntas, a sus demandas, a sus infranqueables dudas. Los otros, los iguales, son la esencia, son ahora el nuevo cordón umbilical de su forma de ser, de estar, de posicionarse. Y lo vemos en las modas, en los gestos. Pero todo ello no es más que lo que recubre a un cambio de estación de un ser humano que se prepara para dejar la seguridad del hogar, para arrastrar los retos de la vida individual, tan exigente, tan demandante, tan arisca, tan necesaria.

El adolescente espera la llamada de los otros, pero percibe en ocasiones la ensordecedora soledad. Y si bien el aislamiento, la soledad, son conductas problemáticas, pensemos que generalmente son pasajeras.

> **El adolescente mira hacia delante, no concibe mirar hacia atrás, se siente atraído por el mañana y vive de forma intensa un presente que casi pareciera ya no es suyo.**

La verdad es que tampoco les preguntamos mucho cómo se ven a ellos mismos. En el centro terapéutico Campus Unidos de Brea de Tajo —recURRA-GINSO— los hemos conocido mañana, tarde y noche, sábados y domingos, martes y jueves; sí, todos los días, jugando, estudiando, hablando, callando y aun durmiendo. También hemos conocido a sus padres, a sus familiares, y hemos concluido que una cosa es cómo se muestran y otra, a veces, cómo son, cómo sienten, cómo elaboran, cómo se ilusionan y cómo sufren. Se apropian de una imagen que poco tiene que ver con su profunda realidad, que, desde mi punto de vista, es mucho más atractiva, más rica.

A otros adolescentes los ven, como referentes, los ven como quienes les han de aceptar, valorar y constituir como seres individuales, pero de grupo. Los ven como un acicate para dar pasos hacia un lugar que no tienen bien definido, pues tampoco saben bien qué quieren ser, qué han de estudiar, en qué han de trabajar, pero necesitan el contraste con los otros, con los de su edad para confirmar o descartar pensamientos y posicionamientos.

Tengamos presente que los adolescentes también producen opinión pública. Su capacidad lógica es correcta, salvo cuando la influencia de los amigos es contraria. Obviamente las nuevas tecnologías facilitan el contacto en cualquier momento y lugar del mundo, pero al fin, el adolescente se contrasta y confirma con los suyos, con los próximos, con los del instituto o colegio, con los de las actividades de ocio o extraescolares. Utilizan Instagram para ver y ser vistos —publicar fotografías—, WhatsApp para comunicarse con amigos y familia. YouTube para consumir contenidos o sentirse fan. Twitter para seguir a sus ídolos y Facebook para juegos y amistades lejanas. Emplean las redes para autorrepresentarse, es así como se muestran a los demás, y desde luego desde la respuesta que reciben se sitúa su nivel de popularidad y de aceptación. Con las nuevas tecnologías hemos de mostrar que preserven su intimidad, y desde luego erradicar cualquier atisbo de discurso del odio. Hay que enseñarles, hay que educarles en la seguridad del uso de los dispositivos.

Recordémosles que los intercambios de mensajes virtuales no deben privarnos de las relaciones personales.

Creo que el adolescente traslada una imagen que se basa en la deseabilidad social en referencia a su grupo para sentirse apoyado, pero al tiempo en encuentros más personales busca conocer también las incertidumbres, los tanteos, de quienes caminan en paralelo a su propio proceso.

Tengamos en cuenta que sus pasos de independencia, de confirmación, se viven con la ansiedad y, por qué no decirlo, con algo de miedo. Estamos hablando de escarceos amorosos, de relaciones sexuales, de demostración de capacidad de aprendizaje, de ruptura con el nido familiar, pero intentando no romper demasiado, es todo un equilibrio no siempre armónico en el que, vuelvo a repetir y con todo el respeto, se dan palos de ciego.

¿Cómo crecería un adolescente sin el contacto con otros adolescentes? ¿Qué sería de su vida solo con niños y adultos? Tendría que dejarse llevar por el curso de la vida, por la intuición, y ello le generaría un sentimiento grave de desvalimiento.

Es en el grupo, es en los iguales, donde se siente seguro, donde es capaz de establecer lazos y vínculos de lealtad, donde se posiciona contra los que creen que no pueden entenderle, no pueden vivir su vida.

La adolescencia es una etapa en la que, buscando la independencia, no se cuenta con ella, ni económica ni de ninguna otra de las formas.

Todos sabemos que en situaciones que nos generan desconfianza, ansiedad, no es perentorio estar acompañados, para darnos seguridad desde la suma de la inseguridad de cada uno. Sí, los adolescentes son muy gregarios, muy de tribu, pero luego cada uno, sin duda, tiene su vivencia interior, su elaboración de estos momentos que en algo son críticos.

Yo creo, y digo creo, que ven a los padres como alguien a quien querer, pero con los que es difícil llegar a acuerdos. Y es que sienten que les tienen que dar independencia y responsabilidad, y les tratan como a niños incapaces y sujetos a premios y castigos.

Resulta natural, necesario, que los adolescentes se distancien de sus padres, y es así, que expresan su negativismo, oposicionismo.

En cuanto a los adultos en general, tampoco los estiman en demasía, pues una característica de la adolescencia es sentirse en posesión de la verdad. Y además, consideran que vivieron en otra etapa, en otro momento, por lo que es muy difícil que les entiendan y se pongan en su lugar.

Por otro lado y cuando las cosas no van bien con la pareja, con los amigos, como hemos dicho, esperan ser atendidos, que no acunados, sin tener que desvelar su intimidad, algo procelosamente guardado.

En ocasiones hay que reconducir desde el contacto, aún mejor, desde el con-tacto. ¿En qué podemos ayudarte? ¿En qué puedes ayudarme? ¿Cómo hemos de hablar? Son preguntas que hemos de formularles.

A veces un profesor, una profesora, se convierte en una referencia, un sujeto de confianza, no solo de información y de formación. El profesor debe ser un líder en su aula.

El adulto es alguien no sé si inaccesible pero no muy interesante, tampoco es que ellos se proyecten y planteen como seré yo de adulto.

Los adolescentes deben querer cambiar el mundo, rodearse de utopía y, sin embargo, nuestra sociedad les está cercenando muchas expectativas, y oyen de las dificultades laborales, y para adquirir una vivienda, y para asegurarse un futuro, y para conformar una familia... Por eso creo que son tan presentistas, tan del aquí y ahora, porque estamos hipotecando su futuro que es donde tienen que aposentar el próximo paso.

Y eso supone que los adultos vean en los adolescentes unos sujetos excesivamente demandantes, exigentes, a veces intransigentes. Y ello es parte de las crisis generacionales, no hablaría de fracturas, pero sí de movimientos generacionales que van haciendo poco a poco y sin que nos demos cuenta cambiar a la especie humana, entre otras cosas por los nuevos inventos, las nuevas tecnologías, siendo que los más jóvenes en ese campo y, mayoritariamente, están más capacitados que los que les educan y adiestran.

17
La convivencia

—Abuelo, ¿cómo es hacer el amor en la tercera edad?
—Como en la adolescencia, es un querer y no poder.

El adolescente a veces genera comportamientos disfuncionales y es que está clamando por el reconocimiento de aquella persona a la que ama —aunque no soporte— y que ha de ser su referente. Se rebela para atraer la atención de sus progenitores, es una forma descarada, e incluso desesperada, de llamar la atención.

Si hay alguna característica propia de los adolescentes es la de su cambio de humor, muchas veces imprevisible por causas que a los adultos se nos escapan, bien puede ser el contenido de un WhatsApp o algo que le molesta y que no verbaliza. Este aspecto es esencial conocerlo, pues genera muchas fricciones, dado que los adultos en ocasiones sentimos que hemos de estar al albur de un cambio de carácter, que bien pareciera una veleta. Pueden estar absolutamente cariñosos, mimosos y mostrando mucho afecto y atención, y en otros momentos demostrar que son ariscos, distantes, hirientes. Y aún, pueden razonarlo, pueden intentar explicar lo inexplicable o hacer ver que simplemente no se les entiende.

Cuántas veces los padres recuerdan al santo Job por su paciencia. Habremos de intentar que no se muestren tan extremos, pero sabiendo que está entre sus características el ser como son.

> **Comprendamos que nuestros hijos no entiendan en dos años lo que nosotros hemos tardado veinte en descubrir.**

Quizás la experiencia permita a los adultos filtrar las emociones y relativizar las mismas, pero para los adolescentes las cosas o están bien o están muy mal, es como si no hubiera un término medio. Hemos de saber los padres que esos juicios de valor que realizan también lo hacen, aunque no lo comenten, en relación con sus amigos. Sin embargo, no admiten que los progenitores critiquen en lo más mínimo a quienes consideran sus amigos, aun cuando la causa pudiera ser objetiva, al decir «no es un buen estudiante» o «no se muestra educado». Eso les enerva, lo viven como un ataque frontal, como si pisoteásemos su dignidad, su honor.

Aparte de describir las cambiantes emociones y sentimientos de los adolescentes, hemos de anticipar lo que ello conlleva para evitar en lo posible polarizar las actitudes y entrar en una lucha de trincheras.

Pudiéramos pensar en un despertar a la vida, a una nueva vida, en el que se pierde la seguridad de lo ya establecido, de donde se viene, para adentrarse en un mundo desconocido, el de la cooperación, el de la competitividad entre unos y otros.

Se dejó atrás la infancia y ahora se vislumbra la madurez, el ser adulto, pero sin querer serlo, se transita por la adolescencia, y el reto es sobrellevar el día a día con uno mismo, con el grupo de compañeros y amigos, del colegio, del pueblo, de otras actividades.

Un reto es decir que no a los consumos, otro es ganar espacio dentro del hogar, otro interpretar las demandas de las relaciones sexuales. Sí, una etapa llena de retos, sin tener ningún camino trillado, pues al adolescente en realidad no le sirve lo que le cuentan sus padres, incluso ni sus hermanos mayores. El reto también es, como hemos visto, pertenecer a un grupo, sentirse parte de él y al mismo tiempo diferenciarse.

Vivir experiencias, cohesionar el yo con el yo de los otros, hacerse respetar desde la dependencia económica. Crecer añorando en algo la protección y desestimando en la mayoría de los momentos la ayuda de quienes siempre se la han dado. Buscan libertad, pero necesitan seguridad.

RESPONSABILIDADES Y CONFIANZA

Los padres también tienen un gran reto: dar autonomía y facilitar que los adolescentes asuman responsabilidad. Por el contrario, dichos adolescentes buscan dejar claro que están en el hogar, pero físicamente, porque mental y espiritualmente hace tiempo que volaron, que abandonaron el nido.

Hacia los trece o catorce años, y de manera progresiva, es cuando hay que dar a los adolescentes un mayor grado de libertad sin olvidarse, claro, de la supervisión, de la distancia óptima. Y hay que dialogar con ellos desde la reflexión, basados en la razón, no en la confrontación emocional, y desde luego atendiendo a los mensajes ocultos para tener una relación más empática con ellos.

Has de confiar en tu hijo, comunicándole que le traspasas ya la responsabilidad, sabedor, además, de que se hará acreedor de esa confianza que has depositado.

Naturalmente que los adolescentes tendrán su paga mensual, pero pueden tener algún otro tipo de ingreso por algún pequeño trabajo, y habrán de aprender a administrarse, a controlar sus gastos, a ahorrar.

Es importante que el consumo del adolescente sea proporcional también a la capacidad económica que se le vaya dando.

En relación con los horarios no son inamovibles e irán ampliándose con la edad y, desde luego, con la responsabilidad demostrada. A título personal yo empleaba la siguiente técnica y les decía: «Tienes que regresar a casa a las once de la noche, si llegas media hora tarde, el próximo fin de semana saldrás una hora menos». Es bastante disuasorio.

Para los adolescentes conseguir que se retrase la hora para acostarse o la de regresar a casa supone un escalafón en su independencia, hemos de saberlo. Y habrá que marcar los horarios, establecerlos, según el lugar; no es lo mismo en una gran ciudad que en un pueblo donde todos se conocen. También depende cómo van a volver a casa: si vienen en autobús, si vienen acompañados. Se trataría de generar una relación de comunicación, de diálogo, pero sí es verdad que supervisando cómo vuelven y explicándoles lo terrible que sería perder la confianza.

La confianza mutua supone saber dónde, con quién está el hijo, qué piensa hacer, a qué hora va a volver y, desde luego, si acontece cualquier cosa y va a realizar un cambio, simplemente que nos lo comente, que nos llame, que nos lo diga. Eso tiene que estar en ese contrato no escrito de lo de confianza mutua.

Pareciera que sigue dándose un diferente trato a los hijos y a las hijas, también en relación con las salidas nocturnas y el consumo de drogas. Pareciera que hay más control y protección hacia las hijas, que sigue implicando una teórica menor libertad siempre y cuando no haya una figura masculina, su pareja, su novio, que la proteja en las salidas o una cobertura total de acompañamiento hasta la vuelta a casa. Terrible, real, una realidad injusta, una radiografía de una sociedad enferma.

No es infrecuente que algún adolescente o más de uno viva alguna experiencia relacionada con hurtos en grandes almacenes. Esto, en principio, no debería preocupar en exceso, porque responde a su necesidad de transgresión y búsqueda de emociones. Otra cosa es si es todo un síntoma de un problema más grave, una forma de llamar la atención, o que ha empezado a conocer a gente nada recomendable. Por eso a quien escribe estas líneas le gusta tanto la adolescencia, pues es, exactamente, un reto.

LA FORZOSA VALENTÍA Y LAS INFLUENCIAS

Los miedos del adolescente creo que son muchos. El primero y más importante a no ser aceptado, a no ser reconocido, a no tener amigos. No olvidemos jamás el miedo a convertirse en víctima de una agresión puntual, violenta o del continuado acoso escolar. Pero hay otros muchos, a lo desconocido, a no estar a la altura de las exigencias físicas, relacionales, sexuales, etc.

Los adolescentes tienen miedo, sí, a quedarse aislados, a la crítica, a la incomprensión. Pero también hay adolescentes que se ponen en riesgo al intentar demostrar y demostrarse que desprecian el miedo.

Les preocupa la posible muerte de un progenitor o de un abuelo, la separación de los padres... Cuando un adolescente pierde a un abuelo, sufre mucho. Recordemos el cariño que le hemos tenido siempre a los abuelos y lo que supuso la pérdida. Y, por tanto, también los adolescentes precisan afrontar el duelo.

Miedos inespecíficos que son propios de situaciones donde no existe la tranquilidad, la serenidad de quien ya está aposentado, y ellos no lo están. También les pueden perturbar situaciones del hogar, por ejemplo, que los padres se separen, que vayan al paro, y otras que están fuera de su posibilidad de resolución.

No es este libro lugar para entrar en temas muy específicos, pero no quisiera dejar de abordar el de los niños que conviven con hermanos con enfermedad mental o con discapacidad severa, y que les supone una contradicción, tanto por el cariño, la ternura y el amor que les tienen, como por la limitación que les supone y por el tiempo que, obviamente, los padres han de dedicar a la persona, al hijo en este caso, más afectado, más necesitado.

Si nuestros adolescentes han sufrido una enfermedad severa es probable que sientan inseguridad y miedo a ser rechazados, pueden incluso llegar a negar su enfermedad, a rechazar la medicación, a practicar ejercicio físico por encima de sus posibilidades, o bien a refugiarse en sus padres y evitar ser independientes. Pudiera ser también que les preocupe su sexualidad.

Quizás, solo quizás, les asusta en algo lo que están sintiendo sin saber muy bien cómo elaborarlo. Y desde luego aspectos muy pragmáticos, como el de los estudios y los ulteriores retos laborales. Pero es que, además, suman una dificultad, y es que en general no gustan de comunicar sus miedos, pero no se dude, la presión de grupo incide mucho en ellos, en su toma de decisión, y ello los obliga a veces a caer bien al líder del grupo, aunque lo niegue.

No sé si en algún momento les atisba el miedo, de ser mayores, de asumir, lo que ello conlleva. Por eso es bueno que los padres alguna vez, solo alguna vez, les pregunten, como hemos apuntado, ¿qué harías en situaciones como las que provocas?

Influyen en ellos desde luego sus propios amigos, aquellos a quienes admiran, por su valentía, por su capacidad de decisión, por su liderazgo, por su seguridad. También y mucho, aunque no lo confirmen, sus padres, sus hermanos mayores, sus abuelos. Es verdad que no es lo que aflora, sino lo que se conduce por el subsuelo esencial, al fin su personalidad se ha acrisolado en un entorno familiar con su cultura, con sus principios, con sus criterios, y aun cuando quieran romper con algunos de ellos, lo harán desde ellos mismos.

Algunos profesores, no todos, influyen y mucho en los adolescentes, pues depositan confianza en ellos, los valoran como adultos que no quieren fiscalizarles, pero que tienen buen criterio, buena visión.

En cuanto a los medios de comunicación y otros mensajes que se trasmiten en las redes, creen ser mucho menos influenciables de lo que lo son. Piensan que ellos están alejados de influencias como la presión publicitaria, la moda, etc., aunque en ocasiones reconozcan que sí les atraen, les gusta, les identifica ante los otros.

Influye sobre los adolescentes también, cómo no, el lugar donde viven, la cultura en la que se mueven, el momento histórico en el que crecen. Quizás influyen en ellos hasta la imagen que de ellos tiene la sociedad y que de ellos trasmiten los medios de comunicación, que siempre etiquetan por generaciones ya sea X, Z, nini, milenial, etc. Pareciera que los adolescentes son clónicos, son un grupo homogéneo cuando no es así, cuando tienen su propio parecer, su propia ideología, su propio posicionamiento ante la vida. Es más, tienden a relacionarse, a reunirse con iguales. Una buena pregunta a realizar a los adolescentes es si ellos creen que pueden influir en otros; es más, si desean influir.

LA VIDA ES MÁS BIOGRÁFICA QUE BIOLÓGICA

El adolescente adoptado tiene unas características que le son propias. Los adoptados han sido bien llamados hijos del corazón. Y en muchísimas ocasiones se demuestra que el amor va mucho más allá de la propia sangre. Al final, y si lo pensamos, todos los padres, también los biológicos, adoptamos a los hijos.

También es cierto que algunos adolescentes adoptados han pasado por fases en que se han preguntado por qué ellos han sido adoptados, qué ocurrió en su familia biológica, qué esperan de él o ella los padres que le han adoptado, qué les llevó a adoptarle. Todo ello centrifuga un conjunto de emociones que en la adolescencia coge más velocidad, dificultando esa etapa que ya de por sí es compleja.

Además pronto se plantearán si desean visitar su país de origen e indagar por sus padres biológicos, estamos hablando de temas que generan gran tensión y gran dificultad de elaboración entre lo dicho y lo callado. Pero que nadie concluya que por haber sido adoptado los problemas necesariamente van a aumentar o son imposibles de evitar.

El adolescente adoptado en muchas ocasiones también tiene otros hermanos que son hijos biológicos de sus padres adoptantes, lo que conlleva que queriéndose mucho, tengan alguna sensibilidad especial.

Observamos en algunos niños adoptados dudas sobre su condición. Pareciera que subsiste latente el miedo a ser abandonados. Por cierto, que el hijo también tiene que adoptar a los padres, hablamos de un apego bidireccional. Debo reseñar que algunos niños adoptados del este de Europa sufren síndrome alcohólico fetal y, ocasionalmente, también el síndrome de hospitalismo.

> **Una vez que se lleva a efecto una adopción, generalmente internacional, es bueno abordar los temas que seguro irán llegando y hacerlo con algún profesional experto en adopción, pues es más que previsible lo que de no hacerlo generará.**

En esta sociedad de consumo resulta lógico y coherente que los niños y los adolescentes también lo sean. Algunos de ellos demandan continuamente consumir marcas de ropa, alimentos y de todo aquello que se publicita y genera demanda.

Hemos creado una sociedad donde pareciera que el consumo es parte esencial, tanto es así que cuando alguien dice «estoy deprimido», busca ir a comprar para superar ese estado emocional.

Hemos de añadir a lo antedicho que muchos adolescentes se comparan con otros, que también lo son, y sin verbalizarlo prestan atención a la marca de zapatillas o de gafas o de sudaderas que llevan, de forma y manera que se sienten bien, cuando dichas marcas son reconocidas, es como un plus a su personalidad. El problema se agrava con las nuevas tecnologías y el aparataje que evoluciona constantemente, siendo además el costo económico alto.

Bien haremos en recordar aquella frase que nos dijeron los mayores: «Al don de pedir, la virtud de no dar». Uno tiene que valorarse por lo que es, no por lo que se supone que es, y tampoco por algo tan efímero como lo que se tiene. Es fácil decirlo, es fácil escribirlo, no es fácil en el día a día con los adolescentes, pues son muy demandantes, muy exigentes, y se ven muy presionados por la moda que tanto varía. Pensemos en las gorras, en los cortes de pelo y muchísimos otros aspectos.

Un problema que agrava es que con las nuevas tecnologías y los medios de comunicación estamos siempre viendo lo que otros tienen, que puede ser inalcanzable para nuestra economía o planteamiento de vida. Haremos bien en ese caso en hacer un análisis de realidad explicando nuestras limitaciones y prioridades en el gasto. Pero en todo caso resulta primordial que sepan de la importancia de autolimitarse también en el gasto, y de conocer que hay, y no pocas personas, que carecen de lo esencial en otros continentes, en otros países, y muy cerca de donde residimos.

LA IDENTIDAD SEXUAL Y DE GÉNERO
FORMAN PARTE DE LA PERSONALIDAD

Es propio de esta etapa los acercamientos, los alejamientos, el afianzamiento de la orientación e identidad sexual. Los tiempos como siempre cambian, ahora pareciera que más rápido. No hace tanto cualquier joven con orientación sexual homosexual sufría del silencio cuando no del escarnio, mofa y agresión de los propios compañeros. Lo cual no excluye que hoy no exista diferenciación y estigmatización de quien tiene una orientación distinta, no tan grave como antes, pero real.

Al respecto los padres debemos entender, comprender, aceptar y querer, pues el ser humano lo es en todas sus variantes, y la homosexualidad como la heterosexualidad no se elige, se es. Los padres, los familiares, gustamos de que nuestros hijos, sobrinos, nietos, sean felices y lo sean en plenitud.

Si damos el salto a la identidad sexual nos encontramos con un tema más complejo que va a requerir de prudencia, de no aceleración, de dejar que el tiempo demuestre lo que realmente supone sentirse en un cuerpo que no es el suyo, quiérase o no, esto es un trastorno que requiere del apoyo, de la ayuda de un profesional, que no tenga ideas preconcebidas ni para favorecer ni para excluir esta realidad.

Cuando existe discrepancia entre la identidad de sexo y el sexo biológico, se utiliza el término incongruencia de género. Y cuando causa malestar, disforia de género. Repito, es importante que un profesional de la salud mental, con experiencia, realice una valoración previa a la intervención del endocrinólogo, que valorará la administración de bloqueadores puberales y ulteriormente de hormonas sexuales.

> **El adolescente, sus progenitores o tutores deben ser informados de lo que se pretende con la terapia y de los posibles efectos secundarios, así como de los beneficios físicos y psicológicos que se persiguen.**

Se precisa la firma de un consentimiento informado por ambas partes, psicoterapia de apoyo y acompañamiento para reducir los sentimientos disfóricos y la comorbilidad psicopatológica asociada.

Puedo asegurar que los niños y niñas que sienten que están «en el cuerpo equivocado» sufren mucho, y aun son claramente ridiculizados y vejados. Es verdad que la sociedad está entendiendo un problema que es preocupante y grave, que requiere de suma sensibilidad, acompañamiento, pues los niños sufren en ese proceso de forma emocional, íntima. Pero al tiempo, repito, hemos de ser prudentes antes de tomar medidas drásticas como diagnosticar y etiquetar, recetar hormonas y aún menos con intervenciones quirúrgicas que luego son irreversibles. Pero no dudes entre el cuerpo y la mente; al final debe imperar el sentimiento de la persona, de lo que entiende constituye su ser, su manera de percibir, de ubicarse en el mundo.

En cuanto al abordaje de ideas autolíticas, este es un tema que requiere de atención, aunque sin generar una patológica de preocupación. La vida a veces nos golpea, nos quiebra, nos desilusiona, nos desesperanza, también en la infancia, en la adolescencia y en la juventud. No es tan improbable que un adolescente en un momento dado, tenga como un fogonazo, una idea autolítica de quitarse de en medio, de no seguir sufriendo, de desaparecer.

El mayor riesgo para los adolescentes en relación con el mantenimiento de su propia vida es sin duda el acoso escolar, el sentirse ridiculizado, amenazado, atacado, en la escuela, en la calle, en el hogar, desde el ciberacoso.

Pero hay otras causas como un sentimiento profundo de desamor, un desencuentro con los amigos, que digo puede generar ese destello de idea autolítica que quede en eso, en idea.

El problema se agrava cuando lo puntual se convierte en situacional, en una forma de percibir la vida como muy lastrada, muy impropia, muy doliente.

Cuando un adolescente empieza a repetir expresiones del tipo «la vida no merece la pena» o «un día yo desapareceré», y apreciamos además un alto grado de melancolía, de tristeza, de encubierta depresión, está sin duda el chico en peligro, y cuanto más haya elaborado la forma de dañarse, quizás de manera irreversible, el riesgo se hipertrofia.

En ese caso y en ese momento nuestro adolescente va a requerir de acompañamiento, pero de un acompañamiento continuado, próximo y no se dude del apoyo de un profesional experto en esta realidad que requerirá a la larga psicoterapia, pero que puede demandar en un primer momento de psicofármacos.

Los padres no podemos evitar a veces hechos terribles que marcarán nuestra vida para siempre y que supondrán la pérdida de un hijo, por tanto, zaherirse con la culpabilidad es muy humano, pero no siempre es ni objetivo ni justo.

Lo que sí es obligación de los progenitores es conocer a nuestros hijos, estar atentos a ellos, el captar sus cambios comportamentales, de pensamiento y sentimiento. Y en lo posible conocer a sus amigos íntimos por si han de darnos alguna señal de alarma, también en el colegio, instituto al que acuden.

Hay otro aspecto muy difícil de resolver que es el del chantaje del adolescente, mediante frases o conductas que pudieran aproximar el criterio de que de no dejarnos chantajear podría cometer un hecho ciertamente grave cuando no irreparable. Es momento también de contar con profesionales, con buenos profesionales para poder, desde otro ángulo, desde una distancia óptima, calibrar cuánto hay de amenaza y cuánto de verdad.

En cuanto a lo que los hermanos piensan de los adolescentes, depende de la edad. Si se es más pequeño creo que se observa con admiración, esos primeros pasos de consecución de autonomía, de salir por la noche, de guardar la intimidad, de un trato ejercido por los padres, no tan tutelar.

Y en cuanto a los hermanos mayores, se ve como una etapa que ya pasaron y que en el fondo genera cariño y comprensión, entendiendo las dificultades por las que van a pasar y las relacionales con los padres. Muchas veces, se ayuda en estas fases al hermano adolescente, siendo en ese caso figura de referencia.

Por último, tenemos el caso de quienes son gemelos o trilli-

zos, y que emplean con los padres un mecanismo de «tenaza».
Es decir pactan entre ellos, y lo dice uno, lo dice el otro, en fin
una demanda en estéreo.

Un momento excepcional

Una situación sobrevenida sorprendente, inesperada, ha hecho que medio mundo tenga que estar varias semanas recluido en su hogar. Esto nos ha permitido convivir muy de cerca con nuestros adolescentes, conocerlos y que nos conozcan, no como padres, sino como personas, con nuestros miedos, angustias y realidades. Los padres han de interpretar bastantes comportamientos adolescentes como no personales. En general hemos descubierto a unos adolescentes que se han sorprendido a sí mismos por su capacidad de introspección. Pero, además, hemos apreciado su, hasta ese momento, oculta ternura, capacidad de compromiso, de apoyo y de vínculo.

Salvo contadas excepciones, no lo han pasado tan mal en el hogar, en primer lugar porque su grupo de referencia también estaba confinado; en segundo porque la prohibición de salir venía del exterior, del Estado; en tercero porque están conectados en la red con sus iguales; en cuarto porque ha supuesto una verdadera experiencia, una aventura, un reto.

La dimensión virtual en la comunicación de los adolescentes ha hecho que la cuarentena no les haya resultado tan traumática. Han mantenido sus relaciones y su esparcimiento mediante videojuegos. Los móviles son una herramienta esencial de sociabilización, y gracias a las pantallas niños y adolescentes han podido, pueden, estudiar y comunicarse con sus iguales.

Pero también deben descansar —tecnología fuera de la habitación—.

La adolescencia, ya hemos dicho, es una etapa de vida llena de vitalidad, de contradicción, de entusiasmo. Por eso hay que rebelarse contra la imagen que se da en general de los adolescentes, pues son ninguneados mediáticamente y silenciados políticamente. Solo cuando uno de ellos genera un suceso por ingesta de alcohol, por acto violento, se habla de esta edad del cambio tan importante y tan necesario.

En el confinamiento tampoco se les ha escuchado ni se les ha preguntado. Es más, fueron los últimos realmente en acceder a la desescalada, tanto es así que casi nadie sabía que podían salir a realizar actividades necesarias como la compra.

Quizás la pandemia nos ha mostrado una nueva imagen de los adolescentes, necesariamente hogareña, intimista y de apego.

Los adolescentes estaban tristes, deseaban recobrar su independencia. Naturalmente que en el momento que pudieron salir, salieron y además quedaron con el grupo de amigos, siéndoles muy difícil mantener la distancia física, pues ellos sabían que este virus mayoritariamente no les dañaba. Pero creo que tenían interiorizado, asumido, aceptado, el riesgo de los adultos y, sobre todo, de sus abuelos.

Esta ha sido una gran ocasión para mostrar que, siendo perfectamente adolescentes y, por tanto, no siendo maduros, se puede ser y de hecho la mayoría lo son, responsables.

Démonos un minuto para pensar sobre qué sentíamos antes en relación con nuestros adolescentes y qué sentimos ahora, y también preguntémosles a ellos qué sienten, qué piensan, en relación con ellos mismos y a nosotros.

18
Pilares esenciales

Forjemos un carácter que nos proyecte como personas,
la humildad mientras se disfruta del éxito,
la capacidad para recuperarse,
el talento para cooperar con otro.

Iniciaremos aquellos aspectos que podemos inducir o estimular en nuestros adolescentes. Los denominamos puntos de apoyo existenciales.

Las aptitudes

Empezaremos por la vitalidad, es decir, afrontar la vida con entusiasmo, que es el que ilumina nuestras capacidades, el que convierte las ideas en acción, el que realmente atrae a los congéneres, y energía. Actuar con convicción dando lo mejor de uno mismo. Sentirse vivo, activo, apasionado por esta aventura.

Algunos aspectos que son muy importantes: el coraje, para llevar la vida en los propios brazos, valor para afrontar los miedos. Ánimo, esfuerzo, perseverancia para vivir; la compasión, que no solo nos permite conmovernos, sino movernos a ayudar.

Continuaremos con la valentía, es decir, no dejarse intimidar ante la amenaza, el cambio y la dificultad. Ser capaz de defender una postura que uno cree correcta, aunque exista una fuerte oposición por parte de los demás.

Es esencial también la perseverancia, o lo que es lo mismo, terminar lo que uno empieza, aunque existan obstáculos. Obtener satisfacción por las tareas emprendidas y que consiguen finalizarse con éxito. Desde luego el amor por el conocimiento. La tendencia continua a adquirir nuevos aprendizajes. Y, específicamente, la curiosidad, el interés por el mundo. Importante encontrar temas fascinantes. Explorar y descubrir. Ayudemos a desarrollar el deseo de seguir aprendiendo.

Fundamental es tener la mentalidad abierta, pensar y examinar significados y matices, y no obtener conclusiones, sino tras evaluar cada posibilidad, estar dispuesto a cambiar las propias ideas según la evidencia.

Para terminar, la perspectiva, encontrando caminos no solo para comprender el mundo, sino para facilitar su comprensión. Y dentro de ella, la creatividad, pensar en nuevas y productivas formas de hacer —incluye la creación artística—.

> **Todo adolescente, todo ser humano, cuenta y puede desarrollar sus talentos.**

Comenzando por la inteligencia emocional, ser consciente de los sentimientos tanto de uno mismo como de los demás, saber cómo comportarse en las diferentes situaciones sociales, tener empatía, conocer qué es importante para otras personas, que incluye la amabilidad, generosidad, bondad. Realizar favores y buenas acciones para los demás, ayudar y cuidar. Y el civismo, trabajar bien dentro de un grupo, ser fiel al mismo y sentirse parte del equipo.

El apego es esencial, así como la capacidad de amar y ser amado. Sentirse cerca de otras personas, sin olvidar la capacidad de perdonar, dándoles una segunda oportunidad sin ser negativo ni rencoroso.

Otro talento es el de la autoestima, la autorregulación. Tener disciplina y autocontrol sobre los impulsos y emociones. No olvidemos la modestia, la humildad. No buscar ser el centro de atención y no creerse más especial que los demás. Lo cual no está reñido con el liderazgo, animar al grupo para hacer cosas, así como reforzar las relaciones entre las personas. Organizar actividades y llevarlas a buen término.

Un talento compartido es el sentido de la justicia, equidad, imparcialidad. Tratar a todas las personas como iguales, dando a todo el mundo las mismas oportunidades. No es uno menor el de la prudencia, no asumiendo riesgos innecesarios, ni diciendo o haciendo nada de lo que después uno se pueda arrepentir.

Formemos en la habilidad para ser claros, para decir lo que se quiere decir, pero eso sí, sin herir los sentimientos de los demás. Todos los talentos se adornan con el sentido del humor, sonreír con frecuencia, ver el lado positivo de la vida. Y la gratitud, ser consciente y agradecer lo bueno que a uno le acontece, le acompaña.

Un gran motivador es la búsqueda del conocimiento, de la ciencia, de la inalcanzable excelencia. Y junto a ella la apreciación de la belleza, interesarse por aspectos de la vida como la naturaleza, el arte. Bueno también es apoyarse en la esperanza, trabajar para conseguirlo. En hacerlo posible mucho más que hacer lo posible. Para terminar la espiritualidad, mucho más allá de la religiosidad, sentido de trascendencia.

LOS ANTÍDOTOS

Y junto a lo que apoyarnos también hemos de utilizar las vacunas. Empezaremos por apaciguar los instintos; no estamos necesariamente determinados a ser de una manera. Concluir que somos dueños de los sentimientos como elaboración de las emociones. Elogiar las conductas adecuadas y las que supongan reducción de la conflictividad. Evitar la crítica a la persona. Dar posibilidad de restauración o reposición por la conducta inadecuada. Enseñar a ser resolutivo. Entender que hablar está bien, pero que hay que hacer. Asumir que tenemos fecha de caducidad, pero que no sabemos cuál es. Adhesión al grupo positivo. Responsabilización individual. Adopción de perspectivas, capacidad para ponerse en el lugar del otro. Favorecer los cambios cognitivos, desterrando los pensamientos irreconciliables. Modificar comportamientos. Enseñar habilidades para resolver conflictos sin recurrir a la violencia. Romper la asociación entre violencia y poder.

> **Habrán de aprender a pedir, a negarse, a ser flexibles, a hacer y recibir cumplidos, a formular y a aceptar quejas.**

También regular la conciencia y autonomía emocional y la competencia social. Comprometerse en el ser, el estar y el hacer. Disfrutar del convivir. Erradicar las creencias irracionales. Regular la conducta a través de los pensamientos racionales. Profundizar en la equidad y la justicia y debatir dilemas éticos que les resulten próximos.

En cuanto la edad lo permita participar en una ONG. Colaborar en obras de caridad o de justicia social. Conocer las zonas pobres de la ciudad. Dar una cantidad de la asignación económica que tienen. Ir a centros de educación especial para ayudar. Practicar deportes, porque es toda una filosofía de vida. Por ejemplo, el rugby, un equipo donde todos, con sus distintas características, tienen cabida. Se trata de dar lo mejor y, además, los que pierden, no caen derrotados. Ir a campamentos.

Traer las zapatillas a la madre, un día que llega «reventada» para ser consciente de las infinitas ocasiones en que se le ha cuidado a él. Ir a ver a la abuela con enfermedad de Alzheimer e incontinencia urinaria. Practicar la amabilidad. Visitar un hospital infantil.

La disciplina debe favorecer cambios cognitivos, emocionales y conductuales. Y la sanción debe conseguir la no reincidencia para no volver a ser sancionado, pero sobre todo para que el violento se arrepienta de lo hecho, se ponga en el lugar de la víctima, entienda lo destructiva que es esa conducta y aprenda formas alternativas y constructivas de afrontar situaciones similares.

LA REINTERPRETACIÓN DEL MUNDO

Los otros no son enemigos potenciales, sino seres humanos que, como nosotros, no han elegido nacer, que ríen y lloran por temas similares, y que sufren también incomprensiones e injusticias. Que la vida es un dilema perpetuo, una incomprensión que nos acompaña, una duda crónica, un anticipar una terrible despedida. Un péndulo que pasa ininterrumpidamente del bien-estar al dolor y el sufrimiento. Un cúmulo de posibilidades y de fracasos, de heridas emocionales, de desmayos afectivos.

Anteponer el optimismo como actitud, el esfuerzo por compartir lo mejor de uno mismo. Asentarse en una esperanza que exige ser conquistada. Rehuir el atontado buenismo. Afrontar con valentía, que exige conocer limitaciones, sombras, inseguridades. Desde la humildad, sentirse orgulloso de una conducta ética, honorable y digna.

> **Enseñemos la difícil realidad de mantenerse en calma ante una provocación, consigamos que la vulnerabilidad no sea tan evidente, que no se actúe desde la acción-reacción.**

Precisamos una reevaluación cognitiva, identificar los indicios de tensión —respiración agitada, sudoración, palpitaciones cardíacas—. Un manejo emocional ante la posible irrupción de la ira y consecuente pérdida de control mediante la activación de conductas alternativas como pensamientos desbocados, utilizando el denominado «tiempo fuera» —irse para calmarse—. Los comportamientos agresivos no pueden resultar gratuitos.

Matricularse en actividades hace liberar energía al tiempo que aprende autodominio como las artes marciales. Reforzar la contención de conflictos. Utilizar técnicas narrativas. Hacer recomendaciones. Utilizar grupos de discusión y *role-playing*. Las intervenciones cognitivo-conductuales en la infancia y la adolescencia resultan generalmente eficaces. Utilicemos el entrenamiento en el control de la ira.

Hemos de trabajar con ellos el contenido y los mensajes de los aspectos no verbales de la comunicación, ya sea postura corporal, pero también del tono, etc. Entrenemos en asertividad, en interacción padres-hijos Usemos la terapia racional-emotiva, la técnica de inversión de roles y las motivacionales aplicadas tanto a padres como a hijos.

También hemos de utilizar la deconstrucción de pensamientos nocivos, la psicoeducación, el *feedback* y el modelado. Hay que mejorar las habilidades de solución de problemas, instaurar protocolos de prevención de recaídas y fortalecer la nueva identidad. Fomentar la motivación al cambio. Modificar los pensamientos, sentimientos y creencias que justifican la violencia. Mejorar el autocontrol, la respuesta empática, el manejo emocional.

Dado que la decepción siempre les llega, la crianza exige enseñar a afrontarla sin generar una frustración crónica que podría devenir en un perverso sentimiento de indefensión aprendida. Fortalecerse, por tanto, para la vida adulta exige aprender, asumir, interiorizar de experiencias vividas la aceptación, la adaptación y la superación. Hay que enseñar a gestionar los conflictos, a resolver los problemas. Mejorar las habilidades de comunicación y el desarrollo de conductas alternativas a la violencia y de habilidades adaptativas de autocontrol. Propiciar modelos éticos. Forjar el sentido de responsabilidad. Motivar y valorar el esfuerzo. Mostrar límites y mantenerse en ellos. Fomentar la compasión, con las personas y los animales, e inducir a responsabilizarse de acciones globales como el cambio climático.

Hay que enseñar a debatir, argumentar, discutir. Mostrar el gusto por la calma, la serenidad, el sosiego. Aprender a reírse de muchas situaciones, y de uno mismo. Transmitir la importancia de priorizar, de relativizar. Hacer comprender que cabe romper con una persona, pero no violentarla. Asumir la grave frustración, la hiel de la impotencia, pero sufriendo, abandonar y rebrotar sin rencor, sin odio, sin mirar atrás. Invitar a autogobernarse, autocontrolarse, autodominarse visualizando los tórridos y apasionados momentos, anticipando qué hacer en tan difíciles ocasiones, qué decir, adónde mirar, qué contestar, a dónde ir. Prever. Romper con amigos o colegas impresentables, aquellos con los que los problemas se multiplican.

Evitemos en lo posible el consumo de alcohol, de cannabis, de otras drogas, y no solo el abuso. Transmitamos el gusto por ser sano, deportista, artista, por crecer como ser humano, por reconocer las propias limitaciones, por no buscar subterfugios, por entender que no cabe el escapismo, por mostrarse como se es, por esforzarse en ser mejor.

Leer poesía, escuchar música clásica, ir a pinacotecas y bibliotecas con respeto, casi devoción, serenar el alma son antídotos. Como lo es pasear en silencio en contacto con la naturaleza o invitar al diálogo filosofando, profundizando, elevando el espíritu. Mirar a las estrellas, quedar absorto ante el discurrir del agua o el crepitar de la leña en un fuego hipnótico son antídotos. Como madrugar para ver amanecer, o rezar, u orar a Dios, al Creador, al firmamento, al cosmos, a lo inalcanzable, a lo inabarcable, a lo impensable pero sentido.

Interroguémonos sobre la siguiente afirmación: ¿Somos lo que queremos o lo que podemos ser? Insistamos en que tan importante como el yo es el tú. Que es incongruente y peligroso el sentimiento de posesión del otro. Que la vida no es justa. Que no existe la verdad absoluta, incuestionable. Que somos radicalmente subjetivos. Reforcemos la importancia de la sensibilidad, del gusto por la belleza —de la mano de la naturaleza y del ser humano—. Gustemos del perdón y de la compasión.

Valoremos lo humilde, lo sencillo, lo bien hecho. Busquemos entender la razón de una vida, el contenido del que debe adornarse. Hablemos del otro, de los otros, de sus problemas, preocupaciones, afanes, disgustos, esperanzas, desgracias. Insistamos en el autodominio, en el autogobierno, en reconducirnos, en autolimitarnos, en autocontrolarnos. En entender que somos libres en tanto que responsables. Erradiquemos la ira, la cólera, el exabrupto, la incontinencia verbal, gestual, conductual.

Sigamos enriqueciendo el lenguaje, también el emocional, para captar y expresar sentimientos con certeras palabras.

Manejémonos en la duda, en la incertidumbre, preveamos que habremos de ser adaptables, que hemos de fluir, que el mundo no gira según nuestro designio. En nuestro continuo monólogo interior, no estemos ratificándonos en todo momento, entendamos que el que nos critica, el que se opone a nosotros, lo hace desde sus creencias, a veces conveniencias, pero que el reto es no entrar en una batalla buscando perjudicar.

No cortocircuitemos el pensamiento con ideas tóxicas, negativas, rencorosas, donde se busca dañar. Aprendamos a con-vivir, también con nosotros mismos, desde la psicohigiene, la limpieza de la mente. Prescindamos de los enemigos, no les demos invitación a nuestra existencia.

Cuidémonos, en nuestros hábitos saludables, de consumos, de utilización del tiempo de ocio, en la práctica del deporte, en cultivarnos culturalmente, artísticamente.

Hemos de activar un sistema inmuno-psicológico equilibrado. Enseñemos a conocerse a sí mismo, a encontrarse, a tener conciencia del propio yo, a crear su propia psicohistoria, cohesionando razón y sentimiento. La alfabetización emocional exige el conocimiento de uno mismo, aprender a definirse, ser más reflexivo, reconocer las propias limitaciones, alcanzar un buen juicio crítico y detectar señales personales de alarma.

Enseñemos a reinterpretar las situaciones, a saber esperar, a serenarse, a crear cortafuegos sentimentales, a fortalecer la estabilidad emocional. Aumentemos el nivel de aceptación y frustración y el afrontamiento de situaciones lesivas sin perder el control.

Enfrentemos a los adolescentes con problemas y dilemas, enseñémosles a organizarse, a potenciar la constancia, a perseverar ante los contratiempos. Hagamos que anticipen las consecuencias de sus propios actos, que interioricen que la vida la conduce uno desde dentro. Potenciemos el dominio de sí mismo, integrando razón, sentimiento y voluntad. Mejoremos las interacciones con los otros, valorando lo que los demás hacen por uno. Demos ejemplo de empatía o de cómo ponerse en los zapatos del otro. Mostremos solidaridad ante la adversidad. Enseñemos a expresar los sentimientos sin violencia, ofrezcamos consejos concretos —«Cuando me enojo, doy un paseo»—. Comuniquemos las vivencias de discernimiento —«Estoy nervioso, pero no estoy enfadado contigo»—. Propiciemos el diálogo, expliquemos lo que sentimos —tristeza, vacío…—, observemos y escuchemos mutuamente. Practiquemos la convivencia con compañeros, apreciando los climas emocionales, comprometiéndose en la ayuda, propiciando momentos de diversión, mostrando sensibilidad y apoyo en las desgracias y desventuras, implicándose en causas nobles, mostrando amabilidad y generosidad, jugando al juego esencial: el que no sabe lo que siente el otro, pierde.

19

PENSAMIENTOS, SENTIMIENTOS Y CONDUCTAS QUE HAN DE ALERTAR A LOS ADULTOS

*En la vida real la cooperación es esencial,
pero la capacidad para competir, también.*

Llegamos a un capítulo realmente relevante. No podemos estar siempre fiscalizando a nuestros hijos o sentirnos golpeados por el miedo y la angustia. Necesitamos conocer en detalle qué es a lo que hemos de atender, qué hemos de afrontar, qué hemos de prohibir, qué nos ha de conducir ante profesionales expertos.

En la mayoría de los libros vas pasando página a página ideas muy genéricas, sin concretar. Este no es el caso.

PENSAMIENTOS QUE HAN DE ALERTAR A LOS ADULTOS

Las conductas se producen tras haberse pensado. Bien es cierto que a veces se realizan actos sin pensar, pero eso suele ser una excusa. La idea, el pensamiento, el lenguaje de uno mismo para uno mismo antecede a los actos. Pasemos a ver los pensamientos.

1. Ideas inusitadas, extrañas, impropias.
2. Pensamientos tanáticos, de muerte.
3. Disociaciones, despersonalización.
4. Rumiaciones, obsesiones compulsivas.
5. Terminología soez referida a temas sexuales.
6. Posicionamiento negativo respecto a las intenciones ajenas.
7. De dependencia respecto a todos y cada uno.
8. Autolíticos.
9. Fanáticos, sectarios.
10. Utilización del otro para beneficio propio.
11. Mentira, insidia y calumnia como herramientas válidas.
12. Refractario a ser conocido. No se sabe lo que piensa.
13. Inducidos por un tercero —conocido o en la red—.
14. De ser un apestado social.
15. Hostiles.
16. Racistas.
17. Desprecio al distinto.
18. «La ternura y la sensibilidad debilitan».
19. «Reconciliarse es dar el brazo a torcer».
20. Desprecio al resto de seres humanos.
21. Distorsiones cognitivas donde se acaba culpando a las víctimas.
22. Escribir, leer, consultar, deseo de saber qué se siente al matar.
23. Confundir fantasía con realidad.
24. Utilizar constantemente una falsa sinceridad para zaherir.
25. Posicionamiento desafiante y negativista continuado.

26. Pensamiento supersticioso.
27. Rigidez mental.
28. Suspicacia.
29. Creencias irracionales.
30. Pensamiento esotérico.
31. Creencias paranormales.
32. Delirios; por ejemplo, estar infestado por insectos.
33. Alucinaciones —visuales, auditivas—.
34. Trastorno obsesivo compulsivo —pensamientos, impulsos o imágenes recurrentes, intrusas, no deseadas y que causan malestar—.
35. Personalidad antisocial.
36. Disminución de la capacidad para pensar o para tomar decisiones.
37. Pensamientos de muerte recurrentes —no solo miedo a morir—.
38. Ideas suicidas recurrentes, intento de suicidio o plan específico para llevarlo a efecto.
39. Fracaso para planear con antelación.
40. Racionalización y justificación de hechos graves.
41. Sugestionable e influenciable en exceso.
42. Ideas paranoides transitorias.
43. Síntomas disociativos graves.
44. Habla estereotipada.
45. Patrones de pensamiento rígidos.
46. Delirio alcohólico.
47. Vengativo y rencoroso.
48. Enfadado y resentido.
49. Discontinuidad importante del sentido del yo y del sentido de identidad acompañados de alteraciones en

el comportamiento, afecto, conocimiento, memoria, o percepción —no confundir con la presencia de amigos imaginarios u otros juegos de fantasía—.

50. Síndrome confusional por intoxicación por sustancias, alteración de la atención, la conciencia y cognitiva —déficit de memoria, de orientación, de lenguaje, de la capacidad visoespacial o de la percepción—.

51. Fantasías, deseos irrefrenables o comportamientos que causan malestar —pudieran ser travestismo u otros—.

Sentimientos que han de alertar a los adultos

Se dice, y aun se piensa, que el ser humano se mueve desde la razón, pero en general se activa desde la emoción, que ulteriormente se reelabora en sentimiento. Veamos, por tanto, cuáles son los sentimientos que nos interesa auscultar en el caso de nuestros hijos.

1. Sentimiento de pérdida, de abandono.
2. Desvinculación afectiva.
3. Percibirse perseguido, amenazado.
4. Sentirse poseído.
5. Odio, rencor y venganza.
6. Sentirse crónicamente humillado.
7. Insensibilidad.
8. Incomprensión generalizada.
9. Minusvaloración extrema.
10. Ausencia de compasión.
11. Incapacidad para perdonar, y/o perdonarse, y/o dejarse perdonar.

12. Ambigüedad respecto a la orientación sexual.
13. De no ser querido por nadie.
14. De ser constantemente rechazado.
15. Dice no sentir emociones.
16. Celos patológicos.
17. Vacío, angustia existencial.
18. Sentimientos de exclusión social, de desclasamiento.
19. Rumiación de odio, colgar en la red expresiones de náusea existencial y amenazas del tipo «algún día el mundo sabrá de mí».
20. Buscar un grupo como padre-grupo, sectario, banda violenta, machista, territorial, y tratar al resto de integrantes como «hermanos».
21. Ansiedad extrema.
22. Miedos incapacitantes —fobias—.
23. Búsqueda de aislamiento.
24. Hipersensibilidad ante cualquier mirada crítica que se vive con hostilidad.
25. Cambios bruscos de humor sin causa aparente.
26. Depresión como estado de ánimo puede cursar paradójicamente con ansiedad. El estado de ánimo puede ser irritable, se siente triste, vacío, sin esperanza.
27. Ansiedad generalizada —preocupación excesiva, anticipación aprensiva, tensión muscular, sueño inquieto, fatiga—.
28. Apego reactivo.
29. Alteración emocional persistente, reacción social mínima en relación con los demás, afecto positivo limitado.
30. Sentimiento de inutilidad.

31. Culpabilidad excesiva e inapropiada —o simplemente autorreproche—.
32. Fatiga crónica o pérdida de energía.
33. Trastorno por estrés postraumático —recuerdos, sueños angustiosos, reacciones disociadas por escenas retrospectivas, reacciones fisiológicas intensas, evitación, estado emocional negativo persistente—.
34. Vengativo, susceptible.
35. Culpa a los demás por sus comportamientos y errores.
36. Ausencia de remordimiento.
37. Búsqueda patológica de atención, emotividad excesiva.
38. Expresión plana de las emociones.
39. Sensación crónica de vacío.
40. Necesidad excesiva de admiración.
41. Envidioso.
42. No está dispuesto a reconocer e identificarse con los sentimientos y necesidades de los demás —carece de empatía—.
43. Apego por objetos inusuales.
44. Angustia frente a pequeños cambios.
45. Susceptible.
46. Alivio al robar algo que no es necesario para el uso personal, ni tiene un alto valor económico, ni se explica por un trastorno de la personalidad antisocial. Cleptomanía.
47. Estado de ánimo depresivo continuado —trastorno del ánimo— con sentimiento de desesperanza, falta de concentración, baja autoestima, fatiga, insomnio o hipersomnia, poco apetito o sobrealimentación.
48. Ataques de pánico.

49. Miedo o ansiedad a espacios abiertos —agorafobia—.
50. Miedo o ansiedad intensa por un objeto o situación específica.
51. Tristeza permanente.

Conductas que han de alertar a los adultos

Al fin, los pensamientos, los sentimientos, dan paso al acto, a los comportamientos, a las conductas, ya sean puntuales o se cronifiquen en hábitos. Veamos con detenimiento conductas significativas.

1. Agresiones reiteradas a compañeros, amigos o familiares.
2. Violencia ejercida contra los animales.
3. Autolesiones.
4. Ponerse en riesgo, conscientemente.
5. «Ausencias» mentales continuadas y prolongadas.
6. Despotismo.
7. Machistas.
8. Culpar al otro de lo que ha hecho él.
9. De adicción —drogas, juego, tecnológicas—.
10. Provocar siniestros —inundaciones…—.
11. Fugas del hogar.
12. Amistades peligrosas.
13. Consumos de riesgo —alcohol—.
14. Chantajistas —con la alimentación—.
15. Extorsión, amenazas, acoso.
16. Provocar constantemente cismas, conflictos.

17. Verbalizaciones amenazantes.
18. Quejicoso empedernido.
19. Mentir con descaro y habitualmente.
20. Agredir o abusar sexualmente.
21. Búsqueda de contactos para agruparse en símbolos de anticristo, cruz invertida, asaltos a cementerios.
22. Escribir anónimos amenazantes.
23. Robar.
24. Hacer proselitismo del mal, como dañar, torturar, matar.
25. Falsificaciones de notas del colegio; firmas en recetas médicas.
26. Interés por las armas de fuego, ballestas, katanas, desde la ocultación.
27. Insomnio crónico.
28. Sueño excesivo —hipersomnia—.
29. Trastornos del sueño como sonambulismo o pesadillas.
30. Hipersexualidad impropia de la edad.
31. Conductas marcadamente antisociales como forma de ser y estar.
32. Trastornos relacionados con el abuso de alcohol, alucinógenos, inhalantes, opiáceos, sedantes, hipnóticos, ansiolíticos, estimulantes.
33. Incapacidad de afrontamiento ante adversidades.
34. Arrancarse el cabello —tricotilomanía—.
35. Dañarse la piel —excoriación—.
36. Problemas con la justicia.
37. Exhibicionismo —sexualmente excitado por exposición de los genitales a niños prepúberes—.

38. Conductas reiteradamente destructivas —romper muñecas de la hermana...—.
39. Emisión de orina o excreción de heces.
40. Evitación de ingesta de alimentos o atracones y comportamientos compensatorios inapropiados —purgas, vómitos, uso de laxantes, diuréticos—.
41. Hiperactividad —no la propia de la edad—.
42. Incapacidad para fijar la atención —también ante lo que le gusta—.
43. Mutismo selectivo —fracaso constante del hablar en situaciones específicas, por ejemplo, en la escuela—.
44. Atracción por el fuego, incluso excitación afectiva al provocar incendios sin otro objetivo, o piromanía.
45. Trastorno de conversión —movimientos anómalos, parálisis, anestesia o pérdida sensitiva, convulsiones—.
46. Tartamudeo —repetición de sonidos y sílabas, bloqueos, circunloquios, exceso de tensión física... genera ansiedad y limitaciones—.
47. Ejercer crueldad.
48. Pasar una noche fuera del hogar sin avisar y sin permiso.
49. Faltar a la escuela.
50. Tics o vocalización o movimiento súbito, rápido, recurrente.
51. Relación social desinhibida, por ejemplo, disposición a irse con un adulto extraño.
52. Incumplimiento de las normas sociales.
53. Engaño o estafa.
54. Peleas físicas repetidas.
55. Desatención imprudente de la seguridad, propia o de los demás.

56. Irresponsabilidad constante.
57. Autodramatización y teatralidad.
58. Conductas de autolesión.
59. Arrogante.
60. Explota las relaciones interpersonales —se aprovecha de los demás—.
61. Movimientos repetitivos.
62. Colocación de objetos de forma estereotipada.
63. Rutinas y patrones ritualizados —del comportamiento verbal o gestual—.
64. Olfateo o palpación excesiva de objetos.
65. Fascinación visual por el cambio de luces.
66. Se inmiscuye o interrumpe con frecuencia —en conversaciones, juegos o actividades—.
67. Le es muy difícil esperar su turno o responde antes de que se haya concluido una pregunta.
68. Incapaz de estarse quieto durante un tiempo prolongado —restaurantes, etc.—.
69. Incapaz de jugar o entretenerse en actividades recreativas.
70. Se retuerce en el asiento, juguetea con las manos o los pies. Se levanta cuando se espera que permanezca sentado —por ejemplo, en la clase—.
71. Terrores nocturnos —episodios recurrentes de despertar con pánico—.
72. Hipotonía general sin desencadenante emocional.
73. Necesidad irrefrenable de dormir —narcolepsia—.
74. Síndrome de las piernas inquietas —sensaciones incomodas que conllevan la necesidad urgente de mover las piernas—.

75. Trastorno de insomnio, dificultad para iniciar o mantener el sueño; causa malestar y afecta al comportamiento y al ámbito educativo.
76. Molesta a los demás deliberadamente.
77. Amenaza e intimida.
78. Ejerce crueldad —con mendigos, ancianos, discapacitados—.
79. Destruye la propiedad.
80. Viola.
81. Invade hogares, automóviles…
82. Inicia peleas.
83. Trastorno explosivo intermitente —agresión verbal, arrebatos recurrentes desproporcionados—.
84. Rabietas verbales, acceso de cólera.
85. Consumo frecuente de alcohol, tolerancia, abstinencia o intoxicación.
86. Consumo frecuente de cannabis, tolerancia, abstinencia o intoxicación.
87. Déficit de actividades motoras, torpeza, chocar con objetos, imprecisión en el uso de tijeras, cubiertos, etc. —trastorno del desarrollo de la coordinación—.
88. Movimientos estereotipados, comportamiento motor repetitivo sin objetivo —golpearse la cabeza, morderse, agitar las manos, mecer el cuerpo…—.
89. Consumo de inhalantes, por ejemplo, disolventes, provoca deterioro y malestar clínico.
90. Escatología telefónica —llamadas obscenas—.
91. Pierde la calma con facilidad.
92. Culpa a los demás por sus comportamientos y errores.

93. Desafía a las figuras de autoridad y discute con los adultos.

94. Usa armas para provocar daños —cuchillos, botella rota, navaja tipo mariposa, nudillos, puño americano—.

20
Características psicológicas de los adolescentes que tienen severos conflictos con sus padres

No hay mayor causa para llorar,
que no poder llorar.
Séneca

Q uizás estas páginas no sean de tu interés. Pero solo quizás. Estas características nacen de la experiencia apreciada en el día a día en el programa recURRA-GINSO.

1. Las edades que hemos abordado van de los doce a los diecinueve años, tanto ambulatoriamente como residencial.

2. La problemática resulta inmanejable a los quince años y medio. Los problemas se inician en la corta infancia.

3. El veinticinco por ciento de los chicos y chicas son adoptados.

4. En la mayoría de los casos los adolescentes ejercen violencia —verbal, material, económica, psicológica y física— avanzando en la escalada frente a la ausencia de límites claros por parte de los adultos responsables.

5. Los adolescentes muestran una baja tolerancia a la frustración, baja autoestima, alta impulsividad, alta

tendencia a la búsqueda de sensaciones, inmadurez e inestabilidad emocional.

6. El sesenta y cuatro por ciento de los chicos y chicas, al inicio de nuestra intervención, no tienen la capacidad de asumir normas.

7. El treinta y nueve por ciento se relaciona con un grupo de iguales conflictivo.

8. El treinta y uno por ciento se fuga de casa en alguna ocasión.

9. En cuanto a las adicciones, y antes de comenzar con el tratamiento, el cuarenta y cinco por ciento consume cannabis, el treinta y seis por ciento tabaco, el veintidós por ciento alcohol, el diez por ciento tecnologías de la información y la comunicación (TIC).

10. En referencia a la victimización, y cuando aún no han recibido tratamiento, el cuarenta y nueve por ciento nos señala su riesgo de ser víctima de acoso escolar.

11. En lo que a conductas autolesivas se refiere, el nueve por ciento de estos adolescentes tiene ideas autolíticas.

12. El cincuenta y un por ciento de las adolescentes nos mencionan su percepción de coacción sexual en la pareja.

13. Existe un alto desajuste clínico y escolar por parte de los adolescentes. Es especialmente relevante el escaso ajuste personal de los menores. Elevado desajuste emocional.

14. Obtienen una elevada dureza emocional.

15. Nuestros adolescentes tienden a reaccionar airadamente, a expresar su ira hacia personas u objetos de su entorno sin dejarse regular por el mismo.

Al igual que en el caso de los adolescentes, me baso en el programa recURRA-GINSO y en las conferencias impartidas por pueblos y ciudades de España, y en los *mails* recibidos, y en una experiencia ya muy dilatada como clínico.

LAS ESCALAS, CUESTIONARIOS Y TEST PSICOLÓGICOS

Los test psicológicos, las escalas y los cuestionarios en estas edades miden:

- Abstracción
- Abuso de sustancias
- Actitud
- Adaptación (personal, familiar, escolar, social)
- Adaptación a normas
- Ansiedad
- Apreciación del adolescente de la aceptación/ implicación/ coerción/ imposición de cada progenitor
- Autoconcepto
- Autocontrol
- Autoestima
- Autonomía
- Bienestar subjetivo
- Búsqueda de sensaciones
- Conducta antisocial
- Conducta desafiante
- Conducta disruptiva
- Depresión
- Dificultades de apego
- Distorsión de la imagen corporal
- Dureza
- Estabilidad emocional
- Estrategias de afrontamiento
- Extraversión/ introversión
- Fobias
- Hiperactividad e impulsividad
- Identidad
- Incomprensión familiar
- Insatisfacción con su aspecto físico
- Ira
- Liderazgo

- Lugar de control
- Madurez psicológica
- Manejo del estrés
- Orientación al trabajo
- Patrones de personalidad
- Quejas somáticas
- Razonamiento
- Relaciones interpersonales
- Retraso de recompensa
- Retraso en el desarrollo
- Retroalimentación personal
- Sentimiento de incapacidad

- Síntomas clínicos
- Síntomas psicofisiológicos
- Sintomatología postraumática
- Situaciones sexuales
- Tensión
- Timidez
- Trastorno de la conducta alimentaria
- Trastornos internalizados
- Vulnerabilidad o riesgo hacia el consumo de drogas

Las principales dificultades que nos plantean los padres están relacionadas con la adaptación a la etapa de la adolescencia, el manejo de los límites, la comunicación, saber ponerse en el lugar del otro y expresar emociones de forma adecuada, mantener un estilo educativo coherente, consistente y con una unidad de criterio común. Cuando conocemos a los progenitores, el cincuenta y siete por ciento tiene dificultad para establecer límites y normas.

A lo largo de la intervención terapéutica afloran dificultades de pareja —por ejemplo, relación muy conflictiva, escasa comunicación, comparten pocos momentos o duermen separados— que en ocasiones eran previas a las conductas problemáticas de los hijos y otras emergen como consecuencia de las dificultades surgidas en la educación de los mismos.

La percepción de padres y madres es similar. Perciben a sus hijos muy problematizados y emitiendo conductas hacia fuera y contra ellos mismos. Los padres perciben las habilidades adaptativas de sus hijos como muy escasas.

Las madres destacan por elevada somatización, sintomatología depresiva y sensibilidad interpersonal —se encuentran angustiadas—. Los padres destacan por ansiedad, hostilidad y paranoidismo —están enormemente enfadados—.

En la mayoría de los casos, ambos trabajan fuera de casa, por lo que es difícil conciliar la vida familiar-profesional.

Se observan conductas de sobreprotección, y muchas veces la responsabilidad de las dificultades conductuales-comportamentales de su hijo son explicadas por los padres por factores externos —consumo de drogas, amistades, ausencia de valores en la sociedad, familia de origen en padres adoptivos, etc.—.

Hay un número significativo de parejas en las que la mujer asume un rol y actitud arrolladora, casi verborreica, y los maridos un rol pasivo, permaneciendo en silencio y asintiendo, pero con escasa participación en el grupo. Al reflejarles esta dinámica de pareja, confirman que es la misma que la establecida en el hogar. Muchos padres están a la sombra, perdidos.

Desde el afecto algunos padres se posicionan en la dependencia psicológica —«Si él está mal, yo estoy mal», «Mi vida es su vida»— y reconocen que, dado que la atención ha sido focalizada en el hijo «problemático», han atendido menos al resto de hijos.

En cuanto a los hermanos, muestran una relación ambigua. Quieren encontrarse con sus hermanos y que mejoren, pero valoran como muy injusto lo que conlleva tener un hermano conflictivo.

21
Estrategias para desarrollar una personalidad resiliente

Dadme una palanca y moveré el mundo.
Dad buena educación y mejorará el mundo.

Nadie negará que la vida nos deparará momentos difíciles, de dolor, de quiebra, y otros de riesgo, de error. Hemos de preparar a nuestros hijos para que afronten las distintas situaciones y para no hundirse cuando estas les sean lesivas.

Cuando los niños de muy corta edad se caen, les decimos «no pasa nada, levántate». Es hora de formarlos en esas fortalezas que les preparen para levantarse de las durísimas caídas existenciales que, sin duda, encontrarán en su vida.

No podemos evitarles el sufrimiento y el dolor, pero sí enseñarles la actitud para afrontarlos o convivir con ellos.

En busca de la personalidad resistente trabajaremos:

1. El compromiso con las personas, la naturaleza, el entorno y, cómo no, el control interno, sin olvidar la ac-

titud de reto para no soslayar las amenazas y las incertidumbres.

2. El posicionamiento optimista; conservar la sonrisa ante la adversidad y utilizar el sentido del humor ante distintas circunstancias. Pocos comportamientos nos hacen tan humanos como la risa y el llanto.

3. El idioma que no conoce fronteras se llama sonrisa, hagámosles percibir que somos seres afectivos, que precisamos del otro, de los otros.

4. Digámosles que hay quien solo se habla a sí mismo y, además, no se entiende, que el diálogo es el antídoto del fanatismo, que es verdad que precisamos de la introspección, de la tranquilidad, de la soledad, pero también de la comunicación para contagiar optimismo, energía y humor. Y aún más, que no existe un yo ni un tú, sino un nosotros.

5. Establecerse objetivos y reinventarse ante las nuevas realidades, siempre con flexibilidad, encarando los problemas como retos, forjando resistencias y estrés. No esperar a que los demás les rescaten, ejercitando el mayor control posible sobre el futuro.

6. No recrearse inútilmente en las desgracias, trasmitir y compartir esperanza, percibir las emociones de los demás y regular los propios sentimientos. Escuchar el diálogo interior discutiendo los pensamientos negativos. Utilizar el lenguaje para poner límites a la angustia.

7. En lo posible, reelaborar los acontecimientos traumáticos. Fortalecerse ante el devenir, desarrollando recursos para enfrentar crisis.

8. Buscar soluciones alternativas a los problemas y siempre desde el conocimiento de la propia vulnerabilidad, equilibrando la autoeficacia con la humildad.

9. Desarrollo del coraje y la tenacidad, de la perseverancia, predisposición para no rendirse.

10. Entender que se es fuerte porque se lucha y que hemos de perder el miedo al miedo.

11. Buscar la serenidad y el no ser comprendido o aceptado.

12. Aprender a despedirse, a separarse, y, desde luego, a manejarse en las incertidumbres.

13. Practicar la autocrítica, desarrollar la autointrospección y ser asertivos, aprendiendo de los propios errores.

14. Comprender que las perspectivas son subjetivas y desde ahí buscar cooperar y comprometerse, convencer sin imponer.

15. Saber detenerse y saber pedir y recibir ayuda, mostrando gratitud y agradecimiento.

16. No premiemos la sobreadaptación a las necesidades de los demás, pero tampoco reforcemos las conductas agresivas utilizadas para obtener ventajas sobre los otros.

17. Desde la flexibilidad mental, ser proactivos en la forma de percibir, elaborar y enfrentarnos a los hechos, respondiendo a las vicisitudes adversas, previniendo el sentimiento de impotencia y la indefensión aprendida.

18. Potenciemos la coherencia y consistencia entre los que pensamos, sentimos y hacemos.

19. Madurar a partir de sucesos indeseables.

20. Mantener viva la motivación y aceptar buscando adaptarnos a lo imprevisible.

21. Permitirnos desahogos emocionales, sabiendo que habremos de convivir con el sufrimiento.
22. Romper con las rumiaciones negativas.
23. Integrarnos con la naturaleza, disfrutar de la buena música, la lectura de un libro, la observación de una escultura o de un cuadro.
24. Marcarnos un proyecto de vida, fomentando las relaciones con otras personas, aflorando la generosidad y el altruismo.
25. Compartir el dolor con familiares y amigos y contar con el testimonio de otras personas que han pasado por la misma experiencia.

22
Posibles ayudas al adolescente

Dejarse mecer por el aburrimiento está mal,
buscar cual yonqui la excitación, también.

Los niños y los adolescentes no tienden a anticipar los acontecimientos, más si estos son negativos o problemáticos. Sin embargo, los adultos, por propia experiencia, conocemos de aquellos problemas que son probables de encontrar en el discurrir vital.

Vamos en este capítulo a plantear aspectos muy específicos y cómo entendemos que se han de abordar.

Claves que ayudan al adolescente cuando está enfermo

1. Hay que explicarle la enfermedad que tiene y lo que conlleva.
2. Ha de sentirse acompañado y apoyado. Conveniente que mantenga el contacto con su entorno y amigos.
3. Hay que ayudarle a manejar sus sentimientos.
4. Ha de entretenerse buscando la creatividad.
5. Si tiene fe, puede rezar.

6. Ha de saber que no podrá hacerse *piercings* ni tatuajes antes ni durante el tratamiento.

7. Si se recupera, por ejemplo, de una cardiopatía, es probable que sienta inseguridad y miedo a ser rechazado. Por lo que puede negar su enfermedad —no toma la medicación, practica ejercicio físico por encima de sus posibilidades…—, refugiarse en sus padres y evitar ser independiente.

8. Le preocupará su sexualidad. Precisará el apoyo y asesoramiento de la familia, del profesorado y de los médicos.

CLAVES QUE AYUDAN AL ADOLESCENTE CUANDO UN FAMILIAR ESTÁ ENFERMO

1. Hay que informarle de la enfermedad.
2. Hay que hacerle partícipe de la realidad familiar.
3. Hay que mantener un diálogo activo.
4. Debe expresar sus sentimientos.
5. Debe ayudar a la persona enferma.

CLAVES QUE AYUDAN AL ADOLESCENTE CON DISCAPACIDAD

1. Debe aprender a convivir con la discapacidad. Enfrentarla con valor y optimismo.
2. Ha de educarse para superar las barreras.
3. Debe valorar otros sentidos.
4. Ha de aceptar las limitaciones.
5. No debe amedrentarse por su discapacidad.

6. Debe tener capacidad de superación y voluntad.
7. Es importante tener sentido del humor.
8. Debe expresar sus emociones y compartirlas.
9. Es importante tener amigos y ser parte de un grupo.
10. Ha de sentirse querido, valorado y reconocido.
11. Debe normalizar su diferencia.
12. Debe ser educado sin sensiblería.
13. Debe ser aceptado por los demás de manera sana y abierta.
14. Ha de recibir ayudas que le faciliten su vida cotidiana

CLAVES PARA AYUDAR AL ADOLESCENTE
ANTE LA MUERTE DE UN SER QUERIDO

1. Hay que hablar sobre la muerte con anterioridad.
2. Debe despedirse del ser querido.
3. Si la muerte ha acontecido, hay que cuidar la forma de dar la noticia, y evitar explicaciones médicas o científicas complicadas.
4. Debe sentirse parte activa de la familia en esta vicisitud.
5. Ha de tener recuerdos alegres de esa persona, solo o acompañado, y hacer cosas en su memoria.

CLAVES PARA AYUDAR AL ADOLESCENTE
A AFRONTAR LA PROPIA MUERTE

1. Debe tener fortaleza y responsabilidad para afrontarla.
2. Hay que transmitir aquello que se crea esencial a los seres queridos.

3. Debe despedirse.
4. Debe disfrutar su tiempo con la familia y los amigos, y de la lectura.
5. Ha de pensar que perdurará en el recuerdo de sus seres queridos.
6. Debe regalar una última sonrisa.
7. Debe decirles que les quiere, siempre los ha querido y siempre los querrá.

Claves para ayudar al adolescente ante la separación de los padres

1. Hay que comunicarle los dos padres que se van a separar.
2. Hay que escuchar al hijo.
3. Es conveniente realizar todos los cambios de la manera prevista para que sepa lo que va a ir sucediendo.
4. Resulta fundamental que los padres se abstengan de hablar mal del otro progenitor.
5. Hay que facilitar los cambios a los que ha de adecuarse, desde la cooperación y la coherencia.
6. Debe hablar con sus amigos de su nueva situación familiar.

Claves para ayudar al adolescente a superar vivencias dolorosas

Hay que poner en marcha estrategias de superación:

1. Utilizar el valor para afrontar la vida.

2. Encontrarse a uno mismo de nuevo con serenidad a pesar de la experiencia vivida.
3. Mantener las rutinas en la medida de lo posible.
4. Adaptarse si es necesario.
5. Tomar medidas correctas de actuación según la moral y la justicia —denunciar— con el apoyo familiar.
6. Recibir ayuda especializada de psicólogos, educadores y médicos.
7. Aprender de la experiencia vivida, poniendo su conocimiento al servicio de los demás.
8. Asumir la responsabilidad de sus actos.
9. Valorar lo que se tiene y sentirse agradecido.
10. Conocer a otras personas que vivan su misma experiencia.
11. Pensar en personas que consiguieron logros y pasaron también por malos momentos.
12. Enamorarse. Tener un vínculo fuerte con alguien.
13. Perdonar —a la vida, a otras personas—. Vivir sin rencor.
14. Recibir amabilidad y solidaridad de los demás y darlas a los otros —escribir una carta a una persona afectada, visitarla, hablar con ella—. Ayudarse unos a otros.
15. No rendirse.
16. Tener fe, esperanza en que la vida será mejor.
17. Disfrutar de la serenidad y belleza que transmite la naturaleza.
19. Formarse.
19. Escribir un diario o un libro sobre su experiencia.
20. Leer relatos o novelas que le ayuden a comprender su vida, además son terapéuticos, pues sirven para abrirse

y hablar de su experiencia personal, puede encontrar aprendizaje en ellos que le tranquilicen y produzcan el placer de la lectura. Igualmente referido al cine.

21. Tener una proyección de vida, una pasión.
22. Realizar aquello que dé sentido a su existencia.
23. Encontrar una vocación.
24. Recibir justicia, entendida como la reclamación para que las personas asuman las consecuencias de sus actos.

Además, descubrir que uno ha cambiado, ha madurado, que es más valiente o mayor, más cariñoso con los demás, más cuidadoso con sus amigos y familia, desprendido de lo negativo, de lo que no deja seguir adelante. Y ejercitar siempre el derecho a procurarse una vida de bienestar y el deber de seguir adelante.

CLAVES PARA AYUDAR AL ADOLESCENTE A SUPERAR PEQUEÑAS DIFERENCIAS FÍSICAS

Hay que buscar soluciones:

1. No perder el tiempo pensando en cómo podría haber sido su vida si no fuera así. Quitar importancia a su problema.
2. Aceptar su propio cuerpo y desarrollar la autoestima.
3. Ver las diferencias individuales como algo positivo.
4. No tener vergüenza; nadie es perfecto y siempre habrá alguien que le quiera de verdad.

Debe tener ánimo y recibirlo para no rendirse cuando puede hacer algo para subsanarlo —ejercicio físico, ejercicios de vocalización…—. Y ha de esforzarse para conseguirlo.

> **Siempre hay posibles soluciones para mejorar la vida.**

Claves que ayudan al adolescente a manejar sus conductas

Algunas conductas que pueden molestar a los demás son:

1. Mentir. Nadie confiará en él y, además, como una mentira lleva a otra, le pillarán.
2. Tener envidia. No querer que otros destaquen o les vaya bien no es bueno para nadie.
3. Ser celoso. Todo lo quiere para él solo, no disfrutará compartiendo el juego o el cariño con los demás.
4. Ser egoísta. Piensa que todos tienen que satisfacer sus caprichos, acabará estando solo.
5. Ser prepotente. No respeta a los demás, coge sus cosas, se siente superior y trata con desprecio a los otros o malmete contra los más débiles. No tendrá amigos, nadie le quiere, solo es temido. Tiene que entender el daño que hace con su actuar y si no modifica su actitud deberá asumir su culpa y la responsabilidad de sus actos. Expresarle claramente el rechazo a este tipo de conducta.
6. Ser violento: Se comporta hacia los demás con gestos, palabras, modos, insultos o agresiones físicas. Hay que

aprender a hacer valer las opiniones y los pensamientos sin violencia ni desprecios a los demás para ser respetados.

Debe aceptar los errores y procurar no repetirlos —no inventar disculpas tontas—. También ha de reflexionar sobre sus acciones, escuchar al otro, no humillarle y negociar posibles soluciones. A veces es necesario un mediador. Es importante pedir perdón.

Le ayudará a expresar sus sentimientos hacer deporte, dibujar, cantar o hacer teatro. Dormir lo suficiente, respetando los horarios y comer saludablemente.

Si es el ofendido, reflexionar sobre el problema, a veces es mejor olvidar la ofensa que querer vengarse. Si le piden perdón, no ser rencoroso y hacerlo enseguida.

Puede sentir tristeza, apatía, falta de confianza en sí mismo, escasa valoración, se encontrará en una situación de inferioridad respecto al grupo. Puede tener miedo, estar agresivo o mostrarse indiferente. Sus padres habrán de apoyarle y actuar para protegerle. Siempre contando con él, consultándole.

Es importante que aprenda a decir «no» a lo que no le gusta o no quiere sin ser un tirano. Debe protegerse y hacerse respetar.

Cuando las cosas no salen como desea o espera, puede sentir rabia, dolor o tristeza pues algo se ha quebrado. Por ello debe aprender que la frustración es algo natural, que hay que aceptar y convivir con ello. Y aprovechar la situación para hacer nuevos descubrimientos —poder hacer cosas nuevas, ir a otros sitios—.

Por último y fundamental: debe tener una actitud positiva.

23

Cosas que callan los hijos y ocultan los padres

Hay tres cosas extremadamente duras:
el acero, los diamantes y el conocerse a uno mismo.
Benjamin Franklin

Estas frases son literales, obtenidas a lo largo de los años de miles de entrevistas clínicas, se acompañan en este libro por entender que pueden ser de interés orientativo. Muchas veces creemos que nuestros hijos son distintos a los demás en sus conductas y planteamientos, pero no suele ser así. Por eso lo que aquí te aporto es una forma indirecta de conocer a tu adolescente.

Qué callan los hijos

Niñas de doce años

— Todos los niños/as siempre tienen más confianza en sus madres que en los padres, ¿por qué será?
— Yo a mis padres no les cuento peleas o enfados con mis amigos o profesores, ya que no quiero que mi madre se vaya preocupada a casa o al trabajo por asuntos que no

tienen nada de importancia. Yo creo que mi madre, aunque yo no se lo cuente, ella en el fondo lo sabe —las madres tienen un sexto sentido—.

— No le comento que hablo demasiado tiempo por el móvil porque si no me lo puede quitar. Tampoco le cuento si tengo novio o no tengo, ni cosas de mis amigos porque me da vergüenza. No le cuento a mi padre cosas que me dice mi madre porque si no se enfadan y me da mucho miedo de que se puedan separar.

— Los suspensos y las malas notas. Que juego al móvil en vez de hacer los deberes, pero luego los termino. Los cotilleos y los asuntos interesantes que pasan en mi clase. Quién me gusta, que tengo novio, los deberes siempre los hago a última hora, que espío a la gente, —y a ellos—, que me he gastado todo el saldo y que soy rebelde.

— Mi padre no sabe mis gustos. Por ejemplo, en la excursión a CosmoCaixa me metieron jamón serrano en el bocadillo, que para mí es asqueroso, y según ellos lo sabían. Es que si no son capaces de recordar mis gustos, ¿cómo les voy a decir todo lo que me pasa?

— Mis padres y yo hablamos mucho y nos contamos casi todo y me alegro por ello.

Niños de doce años

— Yo a mis padres se lo cuento todo, excepto algunos secretos míos que me cuentan mis amigos y algunas otras cosas que no le voy a decir a usted ni a nadie, pero, por ejemplo, qué tal voy en el colegio o si alguien me insulta es algo que le cuento a mis padres, pero que fulano sale con zángano no porque son cosas íntimas de los demás que a mis padres no les interesa.

— No les comento mis ideas y propuestas porque están en lo suyo. La verdad, una persona debe tener intimidad, tanto como si es de doce como de cincuenta o a cualquiera.

— Soy un sádico; una vez le hice una brecha a una persona.

— No le conté cuando tenía ocho años que no creía en Dios —ahora sí—.

— Coger el retrovisor de un coche e irme a los castillos sin nadie. Hacer la zancadilla a una vieja y decir lo siento e irme corriendo. Tirar una llave inglesa desde el piso de mis amigos y romper un examen en tercero de primaria y no se lo digáis, eeee.

— Señor Urra, si usted quiere saber lo que yo no «le cuento» a mis padres, no se preocupe, se lo diré: no les cuento casi nada de lo que concierne —al menos, a mi modo de ver— a mi vida social y personal, pues tengo en alta estima al derecho de la privacidad. No me gusta en absoluto que se inmiscuyan en mi vida personal. Le he hecho este resumen para ahorrarle tiempo. Atentamente, Yo.

Niñas de trece años

— Les cuento muchas cosas, pero lo que no les cuento es lo personal… mis ligues, mis enemistades, problemas con X personas, etc. Eso es lo que no cuento. No lo cuento porque se pondrían a criticarme sin saber mi situación, comentarían según lo que sea correcto para ellos y no según soy yo. Si tengo un novio ellos dirían cosas tipo: «Tú no tengas novios hasta los dieciocho» o «Los novios son bobadas, no quiero que pienses en eso», o por el estilo.

— Es como una sobreprotección que me tienen, sin saber que a veces soy lista y puedo apañármelas.

— Nada, porque yo le comento todo a mis padres... Todo relacionado con la familia, la muerte, el futuro, el sexo, etc. Al igual que ellos me lo comentan todo. En mi familia no hay secretos, ni los habrá, sencillamente, me libero con ellos, son como... mis mejores amigos.

— Nada, porque yo se lo cuento todo y soy una buena niña educada. Saco todo sobresaliente, ya he madurado y no me hace falta ocultarles nada.

— Si mato a alguien, no es que lo haga.

— Creo que tengo confianza con ellos. Yo les habré fallado, pero ellos a mí no, nunca y siempre me acaban perdonando. Les quiero mucho.

NIÑOS DE TRECE AÑOS

— Que he estado en un botellón.

— A veces lo paso mal por las noches. Es que tengo muchos problemas y mis padres también. También he hecho cosas que luego me he arrepentido. Espero que se arreglen. Pero no lo cuento. No les cuento que algunas veces en los exámenes saco malas notas. Creo que soy un mal hijo.

- La rabia que me da que al ser mi hermano mayor y suspender le atienden a él dejándome a mí estudiar lo que quiera y cuando quiera. Eso respecto a mi madre.
- A mi padre no le comento nada. No tengo confianza en él porque me ha fallado muchas veces, y desde que tenía dos años se apartó de mi madre y nosotros, y ahora solo lo que hace es mandar dinero todos los meses. Mis padres están separados.
- Lo que no debe ser contado… Nada ni nadie debe ser comparado con otro, y generalizar los problemas no es la solución. Cada uno es distinto, y la palabra «normal» no es un término humano. No tengo más que decir.
- Cuando salgo de mi casa sin que me vean mis padres me trasvisto, o sea, que me visto de mujer.
- Que tengo dinero escondido. Que nunca les he dicho la verdad en toda mi vida.

Chicas de catorce años

- Por ejemplo, lo que quiero ser de mayor, porque sé que a ellos no les gustaría lo que quiero ser. Como arte dramático. Ellos dicen que es una pérdida de tiempo. También acerca de la sexualidad, a ellos les da vergüenza hablar de ese tema. Tienen ideas antiguas.
- Soy gogó de la discoteca de Pachá; a veces hablo sola, pero creo que eso es normal… Tampoco les digo cuando estoy con un chico o cuando me voy de botellón con los amigos; tampoco les cuento alguna nota mala ni que me meto los dedos para vomitar. No hablo con mis padres y muchas veces tengo ganas de estar sola. Y

lo que hago fuera de casa ni tampoco lo que hago cuando no están. Soy única.

— Se lo cuento todo porque siempre que vamos a montar a caballo tengo tiempo de contarles lo que me ha pasado durante la semana, problemas, alegrías…

— Me entiendo más con mi madre o, mejor dicho, me entendía.

— No le contaría a mis padres que quiero ser anoréxica, ni lo que siento cada vez que me miro al espejo. Ni que me gustaría fumar porros para adelgazar.

CHICOS DE CATORCE AÑOS

— En mi casa siempre me han contado todo lo que pasa y yo siempre me he expresado libremente. Mis padres siempre me ayudan y no necesito esconder nada.

— Lo que no les contamos a nuestros padres son aquellas cosas malas que hacemos y que cuando estamos solos nos comportamos como queremos o como nos da la gana. Vamos a nuestro aire para disfrutar porque con los padres cada vez que estamos con ellos siempre dicen que no hagamos aquello, que no hagamos lo otro, y no nos divertimos absolutamente nada, aunque digamos que sí.

— Que mis amigos tienen guarradas en el móvil.

— Los temas con las chicas los suelo hablar más con mi padre. Sus problemas me interesan y por eso también me gusta hablar de ellos.

— No les cuento que fumo maría y costo; y, además, lo fumo en casa mientras duermen. Algunas noches me hago pajillas, pero rara vez suelo follar, a menudo también en mi casa. Cojo motos sin carné sin casco y hablando por el móvil. Cuando voy a la discoteca me pongo hasta el culo de JyB y maría, por eso salgo con cara de *comío*.

CHICAS DE QUINCE AÑOS

— Yo sinceramente no les oculto nada o casi nada, solo las notas a veces, pero por lo demás lo saben todo, sobre todo mi madre que tengo una muy buena relación con ella. Le dije cuando probé el tabaco, le conté quién me gustaba y mis problemas, porque creo que ella es mi principal punto de apoyo.

— No les comentaré que quiero tener novia. Y que todo el mundo me llama fea. Y que me gustan las chicas.

— No les he contado que algunas veces me gustaría que me oyeran, que supieran lo que me pasa, lo que siento que no pasen de mí. Que no me riñan a mí solo, sino a mis hermanos también. Se lo merecen. Que no soy una monja de clausura.

— Que lo paso mal por ellos cuando no me escuchan, comprenden o tratan mal. Que aún lloro cuando me dicen que no voy a llegar a nada en la vida.

— Yo a mis padres les cuento todo lo que me pasa y pienso, porque quiero saber su opinión sobre mis actos para rectificar si he de hacerlo. No tengo ningún tipo de secreto con ellos; es más, considero una estupidez ocultarles algo, pues no gano nada con ello y me parece una falta de respeto hacia ellos que han dedicado gran parte de su tiempo a educarme así.

CHICOS DE QUINCE AÑOS

— Solamente les cuento, o les contamos, lo que creemos que no se enfadarán ni nos ridiculizarán.

— Se lo suelo contar todo, menos las cosas que son personales. Hay cosas que sí y cosas que no. Supongo que todo el mundo debe tener su entorno y también hay cosas que dan un poco de vergüenza, porque realmente son tuyas. Es más, ahora le pregunto yo una cosa: ¿pretende usted cambiar a los adolescentes?

— No sé, algunos días con el dinero de la paga me voy de putas cuando tengo ganas o me lo gasto en ropa o en porros. Pero a mis padres les cuento todo, que fumo y los demás hechos. Llevo una buena relación con ellos y cuento todo lo que hago, sea bueno o malo.

— Lo que no les comento a mis padres es que tengo ese amor por ellos. Aunque ellos se piensen que soy uno de esos adolescentes típicos, no lo soy.

— Lo confieso, soy un friki del manga y de las consolas. Quiero dominar el mundo cuando sea mayor con Vicente. Viajaré a Marte y fundaré el primer imperio galáctico. Dominaré a los marcianos y seré el dueño del universo. Y reinará la paz.

— A veces visito «páginas raras».

CHICAS DE DIECISÉIS AÑOS

— Con mi padre nunca hablo de mis problemas, a no ser que sea un caso puntual, y con mi madre no suelo contarle mis cosas, aunque ella a veces me pregunta, yo no me siento muy cómoda hablando abiertamente con ella, pero sí es verdad que alguna vez lo he hecho. Mi madre siempre nota cuando tengo algo, es difícil ocultárselo.

— La mayoría de las cosas que pienso y hago, excepto todo lo que quiero hacer en un futuro, ya que son las únicas personas que pueden ayudarme.

— Que algunos fines de semana me voy con mis amigos a botellones y bebo alcohol, y una vez me sentí mal y estuve mal, pero no dije nada. Una vez, la primera vez que fui a la discoteca fui a escondidas, aunque ahora voy con permiso.

— Mi padre no sabe que ya no soy virgen; mi madre sí, y creo que hice bien en contárselo porque me ha apoyado, aunque al principio estaba triste porque pensaba que era muy pequeña y que me podría arrepentir. No se lo cuento a mi padre por miedo a su reacción, no porque me riña, porque sé que en el fondo me apoyará, pero a lo mejor le defraudo.

CHICOS DE DIECISÉIS AÑOS

— Depende de la situación. Cuando salgo de bares a … hago cosas un poco malas de las que no estoy orgulloso y cierro la boca, no le cuento nada a mi madre —que es la única que se preocupa—.

— Les comentaría todas las cosas que le contaría a un amigo o más, porque ellos siempre van a querer lo mejor para mí.

— Raramente les oculto nada. Igual antes alguna nota, pero no me importa decírsela y prometerles que mejoraré porque me apoyan. Quien me gusta sobre todo, porque respecto a eso prefiero hablar con mis amigos. No les oculto qué hago cuando salgo porque no quiero perder su confianza si me pillan.

— Que soy un buen falsificador en firmas como en copiar la letra de otra persona.

— No les cuento que veo películas X. No les cuento cuando tengo relaciones con chicas, ya que son muy religiosos y no aprueban esas cosas. Tampoco les cuento que muchas veces me voy de botellón y bebo bebidas alcohólicas.

CHICAS DE DIECISIETE AÑOS

— Yo personalmente les cuento muchas cosas a mis padres y creo que se puede llegar a tener una visión equivocada de los jóvenes.

— Si me he comprado ropa a escondidas, porque sé que me va a decir que es, o una falda corta, o que me tape un poco más… Si cojo su maquillaje, algún bolso, zapato y lo rompo… Yo no sé nada al menos que algún día lo quiera.

— Si estamos en bandas callejeras. No les demostramos lo que sentimos hacia ellos.

— Creo personalmente que si yo a mi madre le contara todo lo que hago los fines de semana o no la mintiera, me retiraría la palabra o me echa de casa o algo, pero entenderlo es lo último que haría… Tenemos que ser conscientes de que los padres son padres, no amigos, y no nos van a entender en lo que hagamos.

— Mis padres por no saber no saben ni cuál es mi color favorito, y así todo; y no se lo cuento no porque no confíe en ellos, que lo hago y mucho; pero la razón por la que no lo hago es porque no tengan un mal concepto de la niña de sus ojos y porque sé que no me entenderían, me dejarían salir mucho menos, me dejarían menos libertad y se me cortarían muchas más cosas. Así que resumiendo, no les cuento nada y me siento mal en parte, pero... ¿ellos me cuentan todo? Como sé que no es así, yo tampoco tengo el deber de hacerlo, ¿no? No tengo remordimientos de ser como soy de cara a mis amigos y no me arrepiento de muchas de las cosas de las que hago. Todos los jóvenes somos igual de materialistas y de superficiales, exceptuando a unos cuantos que nosotros denominamos raritos y que son los que realmente valen la pena. Espero que te sirva esto porque a mí realmente me ha desahogado. Siento el típex de la hoja, pero tú que escribes me entenderás... Eso de escribir sobre un tema que te dicen es difícil. Un cordial saludo y espero que te ayudemos y te inspiremos, a nosotros nos encanta eso de desahogarnos con un adulto que no se va a asustar de lo que le contemos, puesto que supongo que nos entenderás.

CHICOS DE DIECISIETE AÑOS

— Enteramente nada, cuando les cuento algo hay veces que les omito detalles que ellos saben que ocurren. No creo que les interesen y no quiero que se preocupen.

— Tengo la pequeña costumbre de hablar mucho con mis padres y no les suelo ocultar nada. Me parece que tener mucha confianza con tus padres es algo muy agradable. Creo en la familia y en la socialización.

— Si salgo algún día de fiesta y vuelvo un poco borracho a casa, les digo que he tomado un par de copas y que me ha sentado mal, pero nunca les digo que ese par de copas en realidad son cinco o seis.

CHICAS DE DIECIOCHO AÑOS

— Tengo confianza con mis padres y les cuento prácticamente todo lo que hago, me parece que en ciertos temas ellos pueden ayudarte más que nadie, aunque sin confundir nunca a tu padre y tu madre como un amigo porque son padres.

— No le cuento a mis padres que mantengo relaciones sexuales porque no me atrevo a decirles ni que tengo pareja, ya que me impiden estar con él... Ni problemas de salud por mi timidez.

CHICOS DE DIECIOCHO AÑOS

— Todas las cosas personales, ya que son en exceso pesados en los temas íntimos, porque, además, cuando alguien necesita decir algo, tiene que ser iniciativa suya.

— Yo soy de pocas palabras en cuanto a contarles las cosas a mis padres y, aunque no se lo cuente, luego se enteran por otros padres que tienen hijos «bocazas» que les cuentan todo a sus padres.

QUÉ OCULTAN LOS PADRES

LAS MADRES

— No comentamos nuestros verdaderos sentimientos. Al ser padre priorizamos sus sentimientos, sus necesidades o lo que creemos sus necesidades. Nos transformamos en la madre de... y olvidamos que somos personas individuales y que si ejerciéramos como tal sin dejar de ser sus padres, tal vez comentarles de cualquier cosa sería más fácil.

— No solemos ocultarles nada porque pensamos que si nosotros nos abrimos a ellos, ellos se abrirán a nosotros, y de momento lo estamos consiguiendo, con alguna excepción que tenga algún secreto en la edad que ahora tiene, pero lo importante lo cuentan.

— Hemos evitado comentar nuestras ideologías políticas y nuestro férreo agnosticismo con el fin de no condicionar su capacidad de razonamiento.

— Creo personalmente que se intenta proteger demasiado a nuestros hijos y al hacerlo los estamos apartando de la realidad cotidiana, pero se les habla de los problemas de la situación económica, de las situaciones familiares, de enfermedades, de la muerte...

— No les digo lo que les quiero.

— No creo que haya cosas de mayores y cosas de niños, simplemente hay cosas, están ahí en la vida diaria, solamente hay que buscar la mejor manera de comunicárselas para que las entiendan. Por otra parte, ¿cómo podría pedirle que hablara conmigo y me confiara sus cosas si yo a su vez no hiciera lo mismo?

— No les comentamos a nuestros hijos cómo a medida que ellos crecen, nosotros vamos dejando atrás muchos sueños. Lo difícil que es asumir el gran amor que siente hacia ellos nuestro corazón y aceptar que, en la mayoría de los casos, no son lo que habíamos soñado, son seres independientes con una forma de ser o unas expectativas muy distintas a las que nosotros habíamos puesto en ellos, y eso hay que asimilarlo y no traducirlo en frustración y ¿cómo se hace? No les comentamos a nuestros hijos nuestras desilusiones y las veces que pensamos ¿si no hubiera tenido hijos, cómo sería mi vida hoy?

LOS PADRES

— Procuramos hablar de todos los temas y respetar las opiniones y, sobre todo, dar alternativas para que vean que puede haber más de una solución para cada problema. No solemos comentar asuntos relacionados con el matrimonio, opiniones personales sobre sus profesores o amigos, a no ser que estos últimos entendamos que son una mala influencia.

— No solemos contar «lo negativo» y nuestras debilidades. Los miedos que tenemos. Los problemas de pareja. Lo que no hemos hecho bien. Quizás por no echarles «mierda». Quizás para salvaguardar nuestra imagen que consideramos que ha de seguir en el «altar».

— Lo mal que lo pasamos cuando vienen tarde, no hacen las tareas o no hacen caso a lo que les decimos por su bien.

— Algunas veces le prohíbo algunas cosas y luego no le explico el porqué.

— Hasta el día de hoy intentamos contárselo todo. No queremos que temas importantes se enteren en el patio del colegio por sus mayores de otros cursos.

24
Otras perspectivas

¿Compito con mi hijo? Sí, no para ganarle,
sino para enseñarle a perder
y a esforzarse por ganar,
relativizando ambas situaciones.

A veces pareciera que existe una gran distancia con nuestro adolescente para interactuar con él, para encontrar temas de mutuo interés, que nos facilite no hablar específicamente de nosotros, pero sí reflejarnos en aquello de lo que tratamos. Para ello y en las siguientes páginas vas a encontrar lecturas, películas y otros que pudiéramos llamar instrumentos que son por un lado formativos y por otro de muy buen empleo del ocio. Lo apuntado es solo una selección que seguro que puedes ampliar, enriquecer y, desde luego, personalizar.

ENTENDER SU MUNDO

Para lo que bien pudiera servir en ese sentido la película *A cambio de nada,* dirigida por Daniel Guzmán (2015), donde dos adolescentes de dieciséis años, Darío y Luismi, son amigos desde que eran pequeños. Juntos han aprendido todo lo que saben. Los padres de Darío se separan y este huye de casa. Empieza a trabajar en el taller de Caralimpia, un delincuente que le enseñará junto con Antonia, una anciana que recoge muebles, otra manera de ver la vida.

Otra película que puede servir es *Bajo la misma estrella,* dirigida por Josh Boone (2014), en ella, Hazel es una adolescente de dieciséis años con cáncer terminal. En su grupo de apoyo conoce a Gus, que está en sus mismas circunstancias y se hacen inseparables. Tras una recaída de Hazel, Gus decide cumplir su sueño que es viajar a Ámsterdam en busca de su escritor favorito.

Sugiero también *Juno,* dirigida por Jason Reitman en 2007, donde Juno, con solo dieciséis años, se queda embarazada de su mejor amigo. Cuando se entera toma la decisión de seguir adelante con el embarazo y dar al niño en adopción, con el apoyo de su padre y su madrastra. Juno, dedicará el tiempo a buscar unos padres adoptivos adecuados para su bebé.

En referencia a la música, permíteme que te reseñe la canción de *16 añitos* de Dani Martín; *Para ti,* de Paraíso; *Fifteen,* de Taylor Swift; y *Dani California,* de Red Hot Chili Peppers, o parecidas.

Con respecto a los libros que eligen los adolescentes —bien adquiridos por los padres, bien influidos por estos— sugiero que pruebes con *Invisible,* de Eloy Moreno (2018). ¿A quién alguna vez no le gustaría ser invisible? Y cuando lo eres, ¿a quién no le gustaría dejar de serlo? El autor ha escrito una historia mágica y necesaria llena de personajes, sin dar demasiados detalles para que quien la lea viva su propia experiencia.

Si le gusta el *thriller,* sería procedente *El sótano,* de Natasha Preston (2017), en el que cuatro chicas son secuestradas y encerradas en un sótano. Su vida dependerá de que se olviden de su vida anterior y acepten las normas y forma de vida que impone el secuestrador. Pero Summer, una de las adolescentes, no se va a conformar con la situación, ella quiere escapar.

Si por el contrario es más de comedias, serviría *Los chicos sí que lloran,* de Leah Konen (2017), en la que Gael cree en el amor, es un romántico, pero sus padres se acaban de divorciar y su chica se va con su mejor amigo. Destrozado, deja de creer en el amor, por lo que será el propio Amor el que le ponga en las más hilarantes situaciones para que vuelva a creer en él.

O si lo que le gusta es la fantasía, *Kalte,* de Lili Cross (2019), nos presenta la historia de Kalte, convertida en vampiro a la edad de diecisiete años y después de pasar veinte de su conversión encuentra a Darek, un policía atormentado que quiere vengar la muerte de su mujer y al que convierte en vampiro. Juntos buscarán a los asesinos de la esposa de Darek y descubrirán un mundo que poco imaginaban.

En cuanto a distopías, tanto la serie de *Los Juegos del hambre,* de Suzanne Collins (2008-2010) en la que Panem es una ciudad con trece distritos que rodean al núcleo central de esta, el Capitolio. En una época se rebelaron contra el Capitolio, pero doce fueron vencidos y uno desaparecido. Para recordar este episodio, el Capitolio cada año monta unos juegos televisados, *Los juegos del hambre,* donde una pareja de adolescentes de cada distrito tendrá que sobrevivir o morir.

Como la serie *Divergente,* de Veronica Roth (2011-2013), en la que Chicago está subdividida en cinco secciones para mantener la paz. Cada sección corresponde a una virtud. Los jóvenes, al cumplir los dieciséis años, deberán elegir uno de los cinco grupos al que pertenecer de por vida. Beatrice Prior decide elegir Osadía, y para ser aceptada deberá pasar por una serie de pruebas. Allí conocerá a Cuatro, con el que mantendrá una relación mientras luchan por sobrevivir ante el inminente enfrentamiento de todas las facciones por la supremacía y el poder. Son dos buenos ejemplos.

Por otro lado, entre los libros que serían de interés que leyera figura *El diario de Ana Frank,* de Ana Frank (1955). La autora fue una niña judía de trece años que escribió todas sus vivencias en un diario entre 1942 y 1944, mientras vivía escondida en una buhardilla de una casa refugiándose de los nazis, hasta que la encontraron y fue llevada a un campo de concentración.

Siguiendo con el mismo tema, *Cuando Hitler robó el conejo rosa,* de Judith Kerr (1971), nos cuenta la historia de Anna y Max, dos niños judíos alemanes que viven en Berlín. Cuando Hitler gana las elecciones tienen que huir con su familia y Anna deja su conejo de peluche rosa.

Por su parte Art Spiegelman (1980) nos presenta en *Maus* de forma gráfica, la historia de su padre, un judío polaco en los campos de concentración nazis. Los judíos están representados por ratones y los nazis por gatos.

Y en *El niño con el pijama de rayas,* de John Boyne (2006), encontramos la historia de Bruno, hijo de un alto cargo del ejército destinado a Auschwitz. Se aburre tremendamente y un día decide acercarse a lo que él cree que es una granja donde los trabajadores visten uniformes de rayas. Allí conoce a Shmuel, y se hacen muy amigos, pero les separa una valla metálica. Un día Bruno decide cruzar la valla vestido como su amigo Shmuel para vivir una aventura.

Otro clásico que enriquece es *El retrato de Dorian Gray,* de Oscar Wilde (1890). Dorian Gray es un joven de la Inglaterra victoriana al que un amigo pintor le hace un retrato exponiendo su belleza. Dorian cree que siempre debería permanecer así de bello y joven, y su deseo se hace realidad. Pero todos los malos actos que comete en su vida, se van reflejando en el retrato.

Por su parte, *Momo,* de Michael Ende (1973), nos habla de Momo, una niña con una cualidad extraordinaria, sabe escuchar a la gente y comprenderla. Vive en un anfiteatro y sus amigos Beppo y Gigi cuidan de ella. Hasta que un buen día los hombres grises empiezan a robar el tiempo a la gente.

Si lo que busca es un clásico donde haya aventura, comedia y amor, *La princesa prometida,* de William Goldman (1973) es el mejor ejemplo. Buttercup, una bella doncella, que acaba de perder a su amado Westley, se compromete con el malvado príncipe Humperdinck para evitar la guerra. Pero es secuestrada por una banda de malhechores integrada por Fezzik, el gigante; Íñigo Montoya, el mejor espadachín; y Vizzini, el hombre más inteligente. El pirata Roberts irá a rescatarla.

COMPARTIR SU MUNDO

Lo cual no siempre es fácil, pues tienen tendencia a fortificarlo y entender cualquier aproximación con un asedio. Al respecto te puede servir como material la película *Al filo de los diecisiete,* dirigida por Kelly Fremon (2016). Cuenta la historia de Nadine y Krista, las mejores amigas hasta que Nadine descubre que Krista y su hermano tienen una relación. Ella se siente desplazada, ha perdido a su mejor amiga y el chico que le gusta solo la quiere para pasar un buen rato. También vio morir a su padre en un accidente de coche. Bruner, su profesor de historia, será quien haga de paño de lágrimas y le dé un poco de estabilidad y coherencia a su vida adolescente.

Serviría también *Call me by your name*, dirigida por Luca Guadagnino (2017) y ambientada en los años ochenta. Esta cinta presenta a Elio, un adolescente de diecisiete años que vive en un pueblo de Italia. Su familia es un tanto peculiar, su padre es profesor de arqueología e invita a Oliver, un estudiante de veintitrés años, a pasar con ellos el verano y trabajar con él. Poco a poco nos va contando cómo se va desarrollando la historia de amor entre Elio y Oliver en ese corto tiempo que vivirán juntos. Magistral el discurso final del padre de Elio con su hijo.

A tener en cuenta también *Las ventajas de ser un marginado*, de Stephen Chbosky (2012), donde Charlie es un adolescente muy inteligente y con muy buenas calificaciones, pero no tiene los mismos resultados en las relaciones sociales, por lo que es un mero observador de la vida que pasa ante sus ojos sin participar en ella. El nuevo instituto le traerá amigos que darán un giro a su existencia y un profesor de lengua que le animará a ser escritor.

Con respecto a la música, puede ser de interés *Enamorado de la moda juvenil*, de Radio Futura; *Fluorescent adolescente*, de Arctic Monkeys; o *When you were young*, de The Killers…

Y si nos referimos a los libros elegidos, podrían servir *Eleanor y Park*, de Rainbow Rowell (2018). Eleanor es una adolescente con una situación familiar difícil. Park es un chico tranquilo y sencillo con una buena familia. Un día coinciden en el autobús del colegio y empiezan a entablar una relación de amistad que se convertirá en amor.

También *Seis de cuervos*, de Leigh Bardugo (2016), donde a Kazz Brekker, criminal de los bajos fondos de Ketterdam y dueño de un club de juego llamado El Cuervo, le proponen entrar en la temida Corte de Hielo y robar un tesoro que hay en ella, con una gran recompensa si logra la misión. Para ello tendrá que reunir a un equipo de cinco compañeros de lo más peculiares. Quizás ninguno salga vivo de la misión.

En *Calla, Cándida, calla,* de Maite Carranza (2017) encontramos a Cándida, una adolescente a la que sus padres envían al pueblo con su abuela a pasar el verano acompañada de sus dos hermanos pequeños. Lo que parecía un verano horrible, en un pueblo aburrido, se convertirá en uno increíble al conocer a una panda de jóvenes, en especial a Jan.

Entre los libros que sería de interés que leyera también está *Matilda,* de Roald Dahl (1988). Tiene cinco años y es una lectora imparable, es muy inteligente y sensible, pero sus padres la consideran una inútil. Además, Matilda posee extraños poderes que utiliza contra la cruel directora de su colegio para salvar a sus compañeros.

Del mismo autor sería procedente *Charlie y la fábrica de chocolate* (1995). Willy Wonka, el dueño de la fábrica, ha escondido cinco billetes dorados entre las tabletas que se venden para que los afortunados que los encuentren vayan a visitar la fábrica. Charlie es uno de ellos, e irá acompañado de su abuelo.

Por su parte Lewis Carroll (1865) nos adentra en un mundo extraordinario en *Alicia en el país de las maravillas*, donde Alicia cae por una madriguera y aparece en un mundo lleno de criaturas extrañas. Un conejo blanco que siempre llega tarde, el sombrerero loco, el gato de Cheshire, la reina, junto a ellos correrá un sinfín de aventuras.

También sería procedente *El principito,* de Antoine de Saint-Exupéry (1943). Un piloto aterriza en el desierto del Sahara cuando su avión tiene una avería y allí se encuentra a un pequeño principito que viene de un asteroide lejano. Entre los dos se establecerá una amistad donde cada uno descubre el mundo del otro y cosas importantes como el amor, la amistad y la lealtad a través de sus conversaciones.

Otro gran clásico recomendable es *Viaje al centro de la Tierra,* de Julio Verne (1864), en el que el profesor Lidenbrock encuentra un manuscrito en el que se indica la manera de llegar al centro de la Tierra. Junto a su sobrino Axel y el guía Hans emprenden el viaje que les deparará un sinfín de aventuras fantásticas.

En *Orgullo y prejuicio,* de Jane Austen (1813), encontramos una novela ambientada en la Inglaterra del siglo XIX. La familia Bennet tiene cinco hijas que deberán encontrar marido para asegurarse un porvenir. Una de ellas, Elizabeth, mujer inteligente y de fuerte carácter, no es de esa opinión y no quiere casarse por compromiso. Dos hombres adinerados, el señor Bingley y el señor Darcy, llegarán a la hacienda de su padre, por lo que la madre de la familia ve buenas posibilidades. Ambos hombres quedan prendados de dos de las hermanas, Jane y Elizabeth, pero el origen humilde de ellas no facilitará el compromiso.

INTERESARSE POR SU MUNDO

Y en ese sentido cada adolescente es una persona, un sujeto, un individuo, y no necesariamente acorde e igual a todos los adolescentes, a esa visión en blanco y negro y que tenemos los adultos. Creo que puede ser de interés la película *Boyhood.*

Momentos de una vida, dirigida por Richard Linklater (2014) en la que escogió a un niño de seis años en un *casting* y durante doce años ha estado grabando todo ese periodo de vida para mostrarla en esta película. Una vida desde la niñez hasta los dieciocho años, pasando por todos los cambios, sinsabores, alegrías, primeros amores, amistades que van surgiendo a lo largo de este tiempo.

Propicias para el tema del acoso escolar podrían ser películas del tipo de *Después de Lucía,* dirigida por Michel Franco (2012), en la que Lucía acaba de perder a su madre y junto con su padre se traslada a Ciudad de México para empezar una nueva vida. El cambio de colegio y de amigos no es problema para ella, hasta que comete el error de dejarse grabar en el baño por un chico con el que mantiene una relación. A partir de aquí su vida se convierte en un infierno, ya que el vídeo circula por todas partes. Y será objeto de todo tipo de burlas y vejaciones.

Enriquecería este tema la cinta de *Lady Bird,* de Greta Gerwing (2017), que nos cuenta la historia de Christine, una adolescente que se hace llamar Lady Bird y estudia en un colegio católico. Está en el último curso de instituto y tiene que elegir universidad; ella quiere tomar sus propias decisiones, decidir sobre su vida, pero su autoritaria madre se lo pone difícil.

En música puede servir *Jeremy,* de Pearl Jam; *Last nite,* de The Strokes; *Smells like teen spirit,* de Nirvana, o similares.

En cuanto a los libros que eligen los adolescentes, tenemos la serie *Percy Jackson y los dioses del Olimpo,* de Rick Riordan (2005-2009), protagonizada por Percy, un adolescente que sufre dislexia y ha sido expulsado de seis colegios. Siempre se está inventando historias fantásticas que a veces ni él mismo se cree, por ello es objeto de burla de sus compañeros. Pero un día le es revelado por los mismísimos dioses del Olimpo que es un semidiós, hijo de un dios, y debe rescatar el rayo de Zeus para preservar la paz.

O la serie *Canciones para Paula,* de Blue Jeans (2009-2011), donde Paula, una chica de diecisiete años, se enamora de un chico mayor que ella a través de internet. Decide conocerle cara a cara, y queda con él. Pero el día que han decidido verse, él llega tarde y Paula conoce a Álex, un joven escritor. A partir de aquí la vida de ella se convierte en un devenir de amores y desamores, acompañada en todo momento por su grupo de amigas.

Puede servir *A todos los chicos de los que me enamoré,* de Jenny Han (2014). Lara escribe cartas a todos los chicos de los que se enamora, pero nunca las envía. Hasta que por un descuido las cartas son enviadas a sus destinatarios; entonces la vida amorosa de Lara cambiará y se hará real.

A tener en cuenta la saga *El arco de la guadaña,* de Neal Shusterman (2017), distopía que se sitúa en un mundo donde la humanidad no para de crecer porque nadie muere, los accidentes son reversibles, las enfermedades no existen… pero alguien tiene que establecer un equilibrio en la humanidad, para ello existe un grupo que se hace llamar los segadores que eligen quién debe y no debe morir para el bien común. Dos adolescentes son elegidos para prepararse y pasar las pruebas para ser segadores, aunque solo uno puede conseguirlo.

Creo que puede ser de interés *El odio que das,* de Angie Thomas (2017), donde Starr es una adolescente de dieciséis años que vive en un barrio conflictivo de gente negra, pero sus padres deciden llevarla a un colegio de un barrio con más oportunidades, por lo que Starr está dividida entre su comportamiento en uno y otro barrio; son dos personas en una. Una noche viniendo de fiesta les para la policía y matan delante de ella a su mejor amigo. Starr vuelve a encontrarse en dos bandos, ¿cuenta la verdad o calla porque peligra su vida?

Si lo que busca es un libro que hable sobre el acoso escolar, *Y luego ganas tú,* de Andrea Compton, Javier Ruescas, María Herrejón, Jedet Sánchez y Manu Carbajo (2017), contiene cinco historias contadas por cinco *inflluencers*, algunas de ellas autobiográficas.

También es interesante *La lección de August,* de R. J. Palacio (2014), que cuenta la historia de August, un niño de once años con malformaciones craneoencefálicas debido a un trastorno que padece. No ha ido nunca al colegio y recibe la educación en casa. Pero al empezar la secundaria sus padres deciden que debe ir. La experiencia no será fácil para August, ya que sufre burlas de sus compañeros por su aspecto, pero poco a poco aprenderá a aceptarse a sí mismo y a usar el sentido del humor.

Otro libro, en este caso un clásico de la literatura juvenil, que nos habla del acoso escolar entre otras cosas es *La historia interminable,* de Michael Ende (1979). Bastian Baltasar Bux es un niño gordito que sufre acoso en el colegio. Un buen día, huyendo, entra en la librería del señor Koreander y encuentra un libro que le llama mucho la atención *La historia interminable.* Se lo lleva y en el desván del colegio comenzará a leerlo. Así es como Bastian se ve inmerso en la historia de Fantasía y sus habitantes.

El diario violeta de Carlota, de Gemma Lienas (2013), nos presenta el mundo de la igualdad y la mujer. La abuela de Carlota le regala un diario y la insta a que mire el mundo con «gafas violetas» y vaya apuntando en el diario todas las situaciones que le parezcan injustas hacia la mujer.

El tema de los contactos por la red viene de la mano de *Mentira*, de Care Santos (2015), donde Xenia es una adolescente que se empeña en sacar las mejores notas para poder cursar medicina. Por internet conoce a Marcelo y sus notas empiezan a bajar. Tras innumerables conversaciones, Xenia se da cuenta de que se ha enamorado de él y como no quiere darle una cita, ella comienza a investigar para darle una sorpresa. Pero descubre que todo era mentira. Se lo cuenta a sus padres y decide no volver a contactar con él. Hasta que recibe un paquete con toda la verdad.

Una de las sagas que sería interesante que leyera sería la de *Harry Potter*, de J. K. Rowling (1997), en ella nos habla de Harry, que vive con sus insoportables tíos en Londres. La víspera de su undécimo cumpleaños recibe una carta donde le comunican que ha sido aceptado como alumno en el colegio Hogwarts de magia. A partir de aquí la vida de Harry ya no será la misma. En Hogwarts, además de aprender magia, conoce a sus inseparables amigos Ron y Hermione, y al gigante Hagrid. Pero también tendrá que luchar contra lord Voldemort, el malvado mago que asesinó a sus padres.

Siguiendo con los mundos mágicos, otra saga interesante es *El Señor de los Anillos*, de J. R. R. Tolkien (1954). El Anillo del Poder fue forjado por el Señor Oscuro para dominar a todas las razas. Frodo Bolson, *hobbit* de la Comarca, será el encargado de llevar el Anillo para su destrucción a las tierras de Mordor, lugar donde se forjó, acompañado por la Comunidad del Anillo formada por *hobbits*, enanos, elfos y humanos.

Un clásico es *El guardián entre el centeno,* de J. D. Salinger (1951), donde Holden Caulfield es un adolescente problemático y mal estudiante al que han expulsado de varios colegios. Cuando le echan del último, decide no volver a casa para no enfrentarse a sus padres y vaga por la ciudad de Nueva York, exponiéndose a la vida adulta. Holden va narrando en primera persona tanto sus vivencias como sus sentimientos.

En *El curioso incidente del perro a medianoche,* de Mark Haddon (2003), nos encontramos a Christopher, un adolescente de quince años con un trastorno de espectro autista. Es muy bueno en matemáticas, en ciencias, pero no tiene habilidades sociales, no le gusta que la gente le toque. Un día aparece el perro de su vecina asesinado y Christopher decide averiguar quién es el responsable.

25
Algunos consejos

—¿Por qué no hablas con tus padres?
—Para no interrumpirles.

Personalmente creo que debemos erradicar el discurso de las lamentaciones referidas a los adolescentes, ese problemático, el compadecerlos por sus dificultades. Porque es otra forma errónea de actuar, de intervenir, de equivocarse.

Intenta no juzgarlo, pide su opinión sin fiscalizar, interésate por cómo se siente, muestra la visión adulta y el amor incondicional y, en lo posible, evita el enfrentamiento. Desde el respeto mutuo trabaja el pensamiento razonado, busca hábitos en el hogar y horarios previsibles, pues los adolescentes precisan marcos contenedores, una estructura de seguridad, ya que las reglas y rutinas les favorecen.

Valora y prioriza lo esencial sobre lo superfluo. No generes expectativas que luego resulten inviables. Las normas y las sanciones se cumplen. Sí o sí.

Supervisa el adecuado y necesario descanso, fomenta el ejercicio físico, facilita y promueve la correcta alimentación.

Sé congruente, coherente y previsible. No presiones constantemente y sin descanso. Exige en lo fundamental y sé flexible en aspectos no tan relevantes, por ejemplo, la decoración de la habitación.

> **Cuidemos el esencial ejemplo, no sobreprotejamos, no eduquemos desde el miedo.**

Da ejemplo. Que te vean pasear, conversar con otras personas, leer, estudiar, asistir a charlas, a cursillos, a otras actividades. Gusta de aprender a cualquier edad, que tu adolescente vea que hay otras formas de entretenerse, de divertirse.

Déjale reflexionar, pregúntale sobre lo que le interesa, comparte tus problemas de adulto, establece un espacio de conversación bidireccional, de diálogo reflexivo, es muy importante.

Acompáñale y crea espacios donde pueda hablar sin miedo a ser censurado, donde pueda escucharse a sí mismo, pueda aceptar sus dificultades y cuestionar sus certidumbres.

Muestra que eres humano, humilde, con dudas, tendente al error.

Respeta su espacio íntimo, busca que se sienta a gusto en el presente.

Cuando elogies y refuerces, que sea basado en aspectos específicos; las sanciones han de ser efectivas, cuidando de forma anticipada los posibles «daños colaterales».

Valora el esfuerzo, el esfuerzo sobre todo continuado, la persistencia a largo plazo. Apoya, da elogios honestos pero moderados. Ayúdale a buscar nuevos intereses. Sé realista, tampoco le pidas cosas que son imposibles de conseguir porque se frustrará. Asegúrate siempre de que, aunque discutáis, aunque os enfadéis, aunque le sanciones, le quieres muchísimo. Dale tiempo también para madurar y para ubicarse en el mundo.

> **La cortesía, la urbanidad, la contención, las buenas formas, son exigibles para todos, aun enfadados.**

Estimula las conductas positivas y desincentiva las negativas. Evita hablar mal del otro, del jefe, del vecino, busca que las normas de disciplina sean aceptadas por todos los miembros de la familia, no puramente como una imposición. Ataca cuanto antes las crisis de pereza.

Enseña y aprende a anticipar lo que se va a decir, para conciliar y no provocar resentimiento.

Ayúdale en su hoja de ruta, fomenta sus preferencias, sus talentos y capacidades. Una bella labor de los padres es la de despertar vocaciones.

Domina las ansiedades, educa en la serenidad, enseña a regular su comportamiento, a retardar las recompensas, a observarse a sí mismo. Enseña a comunicar con su propia mente, a conocer los propios sentimientos, a ser consciente. La tormenta emocional puede ser modulada a través de influencias sociales y familiares que sean adecuadas.

El autodiálogo determina en gran medida los estados emocionales. No los incapacites, no los hipertrofies, no busques ser su guardaespaldas.

Deja que se muestre sincero, fluido, no cortes la comunicación. Dialogar conlleva escuchar, empatizar, comprender, convivir, el encuentro de dos pensamientos, concordia, «corazón con corazón».

Enseñarle a comunicar-se con él mismo y con los demás facilitará la existencia. Recuerda que educar es dejar ir, que lo has de preparar para el camino, no el camino para él.

> **Los adolescentes no están indefensos ante sí mismos, atraviesan una etapa importante, no temible; por cierto, lo de las hormonas en ebullición es un mito.**

Fortalece su resiliencia, que asuma la frustración, que maneje la impotencia, la rabia. Educa en la vivencia de los otros, la preocupación empática, la compasión. Desde el autocontrol, no confundas la autoestima con el narcisismo. Junto a la adquisición de la autonomía, dótale de valores morales, cívicos, y enséñale a trabajar la propia subjetividad desde la empatía.

Conviene que tus expectativas sean razonables, anticipando que no todos los adolescentes son clónicos. Sé accesible, pero no confundido con amigos, además se trata de estar disponible, no de programar charlas.

Como adulto, has de desarrollar la capacidad para detectar problemas, habla sobre ellos basados en hechos, no en temores. Refuerza la conducta disciplinada y, cuando te cuente sus preocupaciones, agradécele su confianza.

Desarrolla la curiosidad, gusta de leer, de replantear las situaciones cotidianas, de explorar todas las posibilidades, de intentar resolver los problemas de manera creativa.

Demos ejemplo de asertividad entre lo que pensamos, sentimos y decimos.

Anticipa que la exploración es parte fundamental de la adolescencia, que tiene ideas, pero carece de experiencia, que explora distintas identidades, que puede mostrarse muy incongruente, que considera que es la única persona en el mundo que está en su situación, además piensa en quién es y en quién le gustaría ser. Todo ello conduce a inconsistencia en su comportamiento y cambios de humor imprevisibles, también para él. Le importa ser relevante, necesita elogio y reconocimiento, ha de captar que rechazas algunos de sus comportamientos, pero en todo caso, le quieres. En general, es radical, extremo, carece, como ya hemos dicho, del término medio, de la prudencia, sufre miedos y temor, y le influye sobremanera el «qué dirán» —su grupo de iguales—.

La realización de actividades compartidas —practicar deporte, lavar el coche, cocinar...— ayuda a la comunicación.

Facilita las relaciones sociales, esta es la vacuna contra el individualismo.

Se sienten extremadamente interpelados, en principio y, dado que son muy influenciables, viven con ideas ajenas, por lo que hay que incitarles a que piensen por sí mismos.

Su mente se debate entre razón y emoción, entre euforia y abatimiento —atraviesan una tormenta de estrógenos y progesterona las chicas, y de testosterona los chicos, pero siempre ha habido adolescentes competentes—.

En la adolescencia tu hijo te necesita más que nunca, como fuente de referencia, arbitra horarios lógicos en el hogar y planes para los fines de semana como la visita a los abuelos, la comida en familia…

Bueno será hablar de lo que se ve en la televisión, en la red, qué filtros has de poner tecnológicos para tener tranquilidad, pero habrá que hablarlo, no hacerlo a escondidas. Los padres tenemos que hacer todo cara a cara, y si creemos que nuestros hijos están consumiendo drogas, tendremos que ir a los sitios donde pensamos que la consumen, pero nosotros, no mandando un detective. Igual pasa con los filtros, aunque a veces hay que poner alguno, algún aparato tecnológico, etc. Dicho esto, debes hablar de la comunicación, explicar bien y hablarlo con él y aprender de él, qué es la publicidad, cómo nos maneja; son temas esenciales.

Necesita afirmarse. Molesta, pero no busca dañarte. A veces se mostrará insoportable, pero te quiere. Ocasionalmente estará adormecido y otras hiperactivo. Aprende también de él, transmite ilusión por la vida. Hazle saber que es importantísimo, pero no la razón de tu vida —no le cargues con esa mochila emocional.

Refuerza las conductas que se acercan a lo deseable, no utilices expresiones que van directas a la yugular, pensad juntos alternativas, no olvides que no estáis en dos trincheras. Repito, no os hagáis el mayor daño posible, lo dicho no tiene retorno.

El adolescente se ve en los ojos de los otros, también en los tuyos, ¿qué ve? ¿Cariño, impotencia, rabia, envidia, comprensión, intolerancia?

La prevención se llama correcta educación, pues bien, antes de formar a los hijos, los adultos hemos de mantener un diálogo interno: ¿pensamos lo que sentimos? ¿Sentimos lo que pensamos? Ayudemos a los hijos a forjar buenos sentimientos, a dirigir la mente, a dominar las emociones.

Fortalécele para convivir consigo mismo, con los demás. Para afrontar la vida. Para ser agradecido, para enfrentar el sufrimiento, para sentirse concernido. Para alcanzar, de verdad, la autonomía. Enséñale la diferencia entre lo que demanda y lo que precisa, ayúdale a descubrir sus puntos fuertes y dale oportunidades de hacerlo bien, que participe en tareas útiles para toda la familia.

No le resuelvas los problemas, enséñale a resolverlos. Educa en el respeto a la autoridad, en el cumplimiento de la ley, en la necesaria aceptación de los límites, en la conformación de la autorregulación, sin por ello desdeñar el espíritu crítico.

Cultivemos el equilibrio emocional y rebajemos la equívoca admiración por uno mismo. Hemos de erradicar el narcisismo, y enseñar a dialogar, a debatir, a discutir.
Los padres, y por serlo, son inicialmente la referencia, la piedra de bóveda, es desde la familia que se ha de aportar encuadre y estructura.

Es desde tu amor incondicional que alcanzará a sentirse seguro. Dadas sus dudas identitarias es especialmente vulnerable, y mientras tú buscas aconsejar, normalizar, él se queja de no ser escuchado.

Los adultos vemos con fascinación y rechazo ese tiempo de transición que se balancea entre la euforia y la apatía, y que cuestiona a los padres, más ahora que la socialización de los adolescentes es más compleja, pues parte de su identidad es digital.

Has de contener la frustración ante su distanciamiento y explícale que deseas comunicarte con él. La clave está en escucharle con interés, habla de sus aficiones, de sus motivaciones, permanece presente, valida sus sentimientos, comparte preocupaciones, vicisitudes. Tómale en serio y que te perciba sincero.

Muéstrale confianza y retírate cuando no te necesite, recordando que hay momentos donde quiere relacionarse con sus pares, no tanto con sus padres.

Cuando todavía no es capaz de regular bien sus emociones, quiere ser aceptado por sus compañeros, aceptado por él mismo, ha de estudiar, elegir su futuro, tomar decisiones sobre la sexualidad, los consumos… Quiere explorar, pero no tiene mapa, ni brújula. Decir cuando yo fui joven no sirve y aún menos para los adolescentes de hoy.

> **Ser padre espía es ridículo, además genera desconfianza, confrontación y es que el freno han de aprender a ponerlo ellos y no ser los padres quienes lo impongan.**

No generes nunca la profecía autocumplida diciéndole de manera recurrente «eres un desastre» y «no serás nada en la vida»; al contrario, aunque el adolescente vive el presente, invítale a imaginar, a visualizar, a conocer su futuro.

A veces en el conflicto con los padres ven una forma de expresión. Recuerda, en los momentos críticos su toma de decisión suele venir guiada por las emociones.

Impide que se quemen etapas demasiado rápido. Potencia la voluntad y el autodominio, incrementa la comunicación —no la trivialices—, motívale para el aprendizaje y revisa las técnicas de estudio. Evita que se relacione solo con jóvenes de más edad.

Vayamos acabando, este es un periodo interesante, es un periodo crítico para el desarrollo de la personalidad, de las habilidades cognitivas y de las competencias en general. El adolescente tiene una profunda necesidad de independencia, pero al tiempo requiere, ya hemos visto, de cuidados, del amor, del cariño, del que tú demuestras leyendo este libro.

La sociedad y los responsables políticos deben ofrecer futuro, seguridad y estabilidad a los adolescentes cuando dejen de serlo.

La opinión de otros autores sobre los adolescentes

Los padres que son acosados por sus hijos,
sufren doble violencia, y es que la sociedad
no lo entiende, no se pone en su lugar.

Laura Rojas-Marcos, 2015

La familia perfecta no existe. Todas las familias tienen altibajos, fortalezas y debilidades. La clave está en saber manejar el estrés y los conflictos de una forma constructiva.

José Antonio Luengo, 2016

Esta ausencia de un criterio moral es el cuarto elemento que define el fenómeno del acoso escolar, además de la intencionalidad, la estabilidad y la diferencia de jerarquía. Entre nuestros adolescentes y jóvenes existe una microcultura de que estas cosas pasan y que hay que mirar para otro lado.

Laura Rojas-Marcos, 2016

Los adolescentes creo que deben pensar dos veces lo que quieren decir o lo que quieren colgar. Aquí es básica la empatía, es decir, pensar si a ti te gustaría que dijeran eso de ti o colgaran esa foto tuya.

Alejandra Vallejo-Nágera, 2016

Se apoyan en los amigos, que empiezan a cobrar una importancia fundamental en la adolescencia, y esto desestabiliza mucho a los padres porque, por primera vez en la vida, no controlan lo que hacen sus hijos las veinticuatro horas del día.

Óscar González, 2016

Los adolescentes de hoy no son ni mejores ni peores que los de otras generaciones, simplemente son diferentes. Por tanto, tenemos que prepararnos bien para los desafíos que nos encontraremos en esta etapa, que nos pondrán a prueba a diario. Debemos educar desde la exigencia, pero con ternura. Dicho de otro modo, con autoridad y cariño. Aquí no nos sirve la permisividad, pero tampoco el autoritarismo.

Javier de las Heras, 2018

Por un lado se le debe dar un margen de libertad para que pueda compartir suficientemente el tiempo de ocio y estilo de vida de sus amigos [...]. Sin embargo, cuando las circunstancias implican riesgos importantes, como el hecho de vivir en un barrio donde es frecuente, entre los adolescentes, el abuso del alcohol, consumo de drogas [...] puede dar mejor resultado la restricción de libertad hasta que alcance una edad superior y, por tanto, una personalidad menos influenciable y vulnerable.

Jaime Funes, 2018

Pero no aportamos nada si enfocamos esta etapa vital desde el conflicto: debemos aprender a ayudar a unas personas que piden ayuda, pero no de la manera que nosotros quisiéramos o entenderíamos.

Ángel Peralbo, 2019

Claro que los chavales suelen dar su peor versión dentro de casa. La responsabilidad la pondría en un sistema educativo que parte de una metodología heredada y que no saca a flote emociones positivas, como el incremento de la afectividad.

Jaime Funes, 2019

No tiene sentido ponerse a temblar antes de que llegue su adolescencia. Tan solo conviene mentalizarse de que, como en cada una de las etapas anteriores, tendremos que aprender a educar de otra manera y a envejecer con garbo.

María Jesús Álava, 2019

Cuando a los padres les preocupe algo, recomiendo que se apunte y se observe todo lo que condiciona ese comportamiento del niño, porque solo con escribirlo ya se invita a reflexionar y a encontrar soluciones.

Ángel Peralbo, 2020

A los adolescentes les molesta profundamente que se dé por hecho que por ser adolescentes piensan, sienten o actúan de determinada manera, y en cambio valoran muy positivamente que nos interesemos por ellos desde la incondicional muestra de que nos puedan contar lo que quieran.

Mercedes Bermejo, 2020

A nadie nos han preparado para esta situación: invadidos por la incertidumbre, malas noticias, restricciones, a nosotros también nos cuesta adaptarnos. Entonces no esperemos que los adolescentes se adapten con facilidad. Pero hay que recordar que los adultos somos nosotros, y, por tanto, somos un referente y modelo para nuestros hijos. Para ello debemos tener la capacidad de autocontrol y manejo de nuestras emociones frente a esta situación.

María Jesús Álava, 2020

Casi siempre buscamos culpables, como para quitarnos nuestro propio malestar, en lugar de poner el foco en qué podemos hacer. Es una cosa que hacemos desde pequeños. A los niños les reñimos cuando hacen algo mal, y eso lo hacemos más que reforzarles cuando hacen algo bien. Es un mecanismo que no tenemos aún bien instalado.

Direcciones de interés

*Hay que ayudarles a descubrir
sus talentos, sus resortes, sus motivaciones.*

Defensor del Pueblo
Zurbano, 42
28010 Madrid
☎ 900 101 025
https://www.defensordelpueblo.es/

Familia

D. G. de la Familia y el Menor (Comunidad de Madrid)
Consejería de Políticas Sociales, Familias, Igualdad y Natalidad
(Comunidad de Madrid)
O'Donnell, 50
28009 Madrid
☎ 012
https://www.comunidad.madrid/transparencia/unidad-
organizativa-responsable/consejeria-politicas-sociales-familias-
igualdad-y-natalidad

FAPMI (Federación Española de Asociaciones para la Prevención del Maltrato a la Infancia)
De las Delicias, 8
28045 Madrid
☎ 914 682 662
✉ fapmi@fapmi.es
www.fapmi.es

Centros de Atención a la infancia (CAI)
https://www.madrid.es/portales/munimadrid/es/Inicio/
Infancia-y-familia/Centros-de-Atencion-a-la-Infancia-CAI-/
?vgnextfmt=default&vgnextoid=02cb88a75f324210Vgn
VCM1000000b205a0aRCRD&vgnextchannel=2fbfb7dd
3f7fe410VgnVCM1000000b205a0aRCRD

Centro de Apoyo a las Familias (CAF)
https://www.madrid.es/UnidadesDescentralizadas/Infanciay-
Familia/EntidadesyOrganismos/CAF/FolletoCAF.pdf

INFANCIA Y JUVENTUD

Consejo de la Juventud de España
Montera, 24, 6º
28013 Madrid
☎ 917 010 420
www.cje.org

Instituto de la Juventud (INJUVE)
José Ortega y Gasset, 71
28006 Madrid
☎ 917 827 600
http://www.injuve.es/

Fundación ANAR (Ayuda a niños y adolescentes en riesgo)
Avda. de América, 24
28028 Madrid
☎ 917 262 700
www.anar.org

Save the Children
☎ 900 373 715
https://www.savethechildren.es

ORIENTACIÓN JURÍDICA

Fiscalía de Menores (cada una en su provincia)
Avda. Institución Libre de Enseñanza, 37
28037 Madrid
☎ 914 931 217/914 931 218

SOJ (Familia y General) Servicio de Orientación Jurídica
Poeta Joan Maragall, 66, 2ª planta (sede de los Juzgados de 1ª
Instancia). (Antiguo Capitán Haya)
Civil, familiar y penal. Mujer
☎ 900 814 815

SANIDAD

ANSHDA (Asociación de niños con síndrome de Hiperactividad y Déficit de Atención)
Molina de Segura, 33
28030 Madrid

☎ 913 560 207-607 817 868
✉ info@anshda.org.
www.anshda.org

Asociación Española de Pediatría
Aguirre, 1
28009 Madrid
☎ 914 354 916
http://www.aeped.es/

Asociación Española de Pediatría de Atención Primaria
Avda. de Burgos, 39
28036 Madrid
http://www.aepap.org/

Sociedad Española de Pediatría Social
Avda. de Burgos, 39
28036 Madrid
www.pediatriasocial.es/

Sociedad Española de Medicina del Adolescente
Aguirre, 1
28009 Madrid
http://www.adolescenciasema.org/

Sociedad de Psiquiatría Infantil
Aguirre, 1, bajo derecha 1º izquierda
28009 Madrid

Sociedad Española de Psiquiatría y Psicoterapia del niño y la adolescencia
Castellana, 114
28046 Madrid
☏ 913 192 461
http://www.sepypna.com/

CONFLICTO PADRES E HIJOS

Programa recURRA-GINSO
Corazón de María, 80, bajo
28002 Madrid
Campus Unidos: Brea de Tajo
☏ 900 656 565
☏ 914 420 339
www.recurra.es
✉ consulta@recurra.com

SEVIFIP (Sociedad Española para el Estudio de la Violencia Filio-Parental)
Luzarra, nº 18- 1º
48014 Bilbao
☏ 944 757 880
www.sevifip.org

VIOLENCIA DE GÉNERO

Violencia de género
☏ 016

Instituto de la Mujer
Condesa de Venadito, 34
28027 Madrid
☎ 914 528 500
http://www.inmujer.gob.es/

Teléfono contra el acoso escolar (Ministerio de Educación)
☎ 900 018 018

Equipo de Apoyo contra el acoso escolar. Comunidad de Madrid
Santa Hortensia, 30, 2ª planta
28002 Madrid

Chaval.es
Edificio Bronce
Plaza Manuel Gómez Moreno, s/n
28020 Madrid
✉ prensa@red.es
☎ 912 127 620 / 912 127 625
http://www.chaval.es/chavales

Fundación Aliados
Demóstenes 14
Las Rozas, 28230 Madrid
https://www.helpup.com/organizations/fundacion-alia2

Padres 2.0
Alcosser, 10, 3ª
Villanueva de Castellón
46270 Valencia
✉ info@padres20.org
http://padres20.org/

Pantallas Amigas
✉ info@pantallasamigas.net
http://pantallasamigas.net/

AEPAE (Asociación Española para la Prevención del Acoso Escolar)
✉ contacto@aepae.es
http://aepae.es

AMACAE (Asociación Madrileña contra el acoso escolar)
Centro Polivalente de Vicálvaro
Avda. Real, 12
28032 MADRID
☎ 689 528 792
✉ madridamacae@gmail.com
https://amacae.com

Stop Acoso Escolar LGTB
☎ 913 604 605 o WhatsApp 676 785 830
Horario: de 8:30 h a 15:00 h
✉ info-jovenes@felgtb.org
http://felgtb.com/stopacosoescolar/

ADICCIONES

FAD (Fundación de Ayuda contra la Drogadicción)
Avda. de Burgos, 1 y 3
28036 Madrid
☏ 900 161 515
✉ consultas@fad.es
www.fad.es

Plan Nacional sobre Drogas
https://pnsd.sanidad.gob.es/

CONDUCTAS ALIMENTARIAS

ADANER (Asociación en Defensa de los Enfermos de Anorexia y Bulimia nerviosa)
Aviador Zorita, 50
28020 Madrid
☏ 915 770 261
http://adaner.org/

Asociación contra la Anorexia y la Bulimia
Mallorca 198, portal 2º
08036 Barcelona
☏ 93 454 91 09
www.acab.org

AYUDA ANTE EL SUICIDIO

Teléfono de la Esperanza
Horario: 24 horas al día
☏ 717 003 717

☎ 914 590 055
http://telefonodelaesperanza.org/

Asociación La Barandilla (contra el suicidio)
San Rogelio, 9, local 1
28039 Madrid
☎ 910 380 600
✉ info@labarandilla.org
https://www.labarandilla.org/

Fundación Salud Mental España para la prevención de los trastornos mentales y el suicidio
Plaza de los Mostenses, 13. Of. 44
28015 Madrid
☎ 910 834 393
✉ fsme@fsme.es
https://www.fsme.es/

Sociedad Española de Suicidología
Plaza de los Mostenses, 13. Of. 44
28015 Madrid
☎ 910 834 393
✉ secretaria@suicidologia.es.
https://suicidologia.jimdo.com/

RedAIPIS (Asociación de Investigación, Prevención e Intervención del Suicidio)
Colegio Oficial de Psicólogos de Madrid
Cuesta de San Vicente, 4, 6ª planta
28008 Madrid

✉ info@redaipis.org
https://www.redaipis.org/

Después del Suicidio-Asociación de supervivientes
☎ 662 545 199
Horario: de 10 h a 14 h
✉ info@despresdelsuicidi.org
https://www.despresdelsuicidi.org

Integración LGTBI

Programa LGTBI. Información y Atención a Homosexuales y Transexuales de la Comunidad de Madrid. Consejería de Asuntos Sociales
Alcalá, 22. 5º derecha
28014 Madrid
☎ 917 010 788
✉ infolgtbi@madrid.org
https://www.comunidad.madrid/servicios/asuntos-sociales/lgtbi-comunidad-madrid

FELGTB (Federación estatal de lesbianas, gays, transexuales y bisexuales)
Infantas, 40, 4º izquierda
☎ 913 604 605
http://www.felgtb.org/

COGAM (Colectivo LGTB+ de Madrid)
Puebla 9, local

☏ 91 523 00 70 o WhatsApp 602 25 22 43
http://www.cogam.es/

RedUne
Teléfono-WhatsApp-Telegram
☏ 610 205 483
✉ redune.infoayuda@yahoo.es
https://www.redune.org.es/

Centro de Atención de Adicciones de Marbella (Programa de dependencia grupal)
Vázquez Clavel, 25
Marbella 29603 Málaga
☏ 952 768 703

CUERPOS DE SEGURIDAD DEL ESTADO

BIT (Brigada de Investigación Tecnológica. Cuerpo Nacional de Policía)
Contra Pornografía Infantil
https://www.policia.es/org_central/judicial/udef/bit_quienes_somos.html
☏ 112

GDT (Grupo de Delitos Telemáticos. Unidad Central Operativa de la Guardia Civil)
☏ 062
https://www.gdt.guardiacivil.es/webgdt/home_alerta.php

EMUME (Equipo de Mujeres y Menores-Guardia Civil. Cada uno en su Comunidad Autónoma)
https://www.guardiacivil.es/es/servicios/violenciadegeneroyabusoamenores/
https://www.guardiacivil.es/documentos/pdfs/direccionesEmume.pdf

GRUME (Grupo de Menores de la Policía Judicial)
Cada uno en su Comunidad Autónoma
https://www.policia.es/org_central/judicial/estructura/saf_grume.html

*   *   *

«Soy consciente de que desde la edición de este libro, algunas direcciones, teléfonos y enlaces pueden haber variado, pero resulta de interés conocer las organizaciones, instituciones y asociaciones que reflejo.

Seguro que no es difícil contactar con ellas. En todo caso, me pongo a disposición de mis estimados lectores en:
✉ javier@urrainfancia.es»

Bibliografía

Aguirre, E. *et al.* (2019). *Protagonistas y espectadores. La juventud como espejo de los cambios sociales y como motor de los mismos.* Madrid. Centro Reina Sofía sobre Adolescencia y Juventud, FAD y Fundación SM.

Álava, M. J. (2018). *Lo mejor de tu vida eres tú.* Madrid. La Esfera de los Libros.

Alberca, F. (2012). *Adolescentes. Manual de instrucciones.* Madrid. Espasa.

Antón, R. (2019). *Familias con adolescentes 2.0. Ideas prácticas para mejorar la comunicación.* Madrid. CCS.

Armero, M. (2019). *Aprendiendo a vivir. Cómo ser un adolescente proactivo y feliz.* Albacete. Uno Editorial.

Artola, T. (2017). *Claves educativas de tus hijos adolescentes. Oportunidades, características y riesgos de esta apasionante etapa* (Hacer Familia n.º 55). Madrid. Ediciones Palabra.

Aznárez, B. (2019). *Manual de psicoterapia breve con niños y adolescentes. El arte de entender, manejar, disfrutar y transfor-*

mar la relación padres-hijos en terapia. Míchigan. Independently published.

Bach, E., Jiménez, M. (2019). *Madres y padres influencers. 50 herramientas para entender y acompañar a adolescentes de hoy.* Madrid. Grijalbo.

Barocio, R. (2017). *Disciplina con amor para adolescentes. Guía para llevarte bien con tu adolescente.* México. Pax México.

Bermejo, M. (2019). *La danza de las emociones familiares. Terapia emocional sistémica aplicada con niños, niñas y adolescentes.* Bilbao. Desclée de Brouwer.

Brignoni, S. *et al.* (2018). *Malestares y subjetividades adolescentes Una aproximación desde la salud mental colectiva.* Barcelona. UOC.

Cassany, D. *et al.* (2019). *El fandom en la juventud española.* Madrid. Centro Reina Sofía sobre Adolescencia y Juventud y FAD.

De las Heras, J. (1999). *Rebeldes con causa. Los misterios de la infancia.* Madrid. Espasa.

Del Valle, E. (2006). *Un adolescente bajo mi techo.* Barcelona. Debolsillo.

Elzo, J. (2009). *La voz de los adolescentes.* Madrid. PPC Editorial.

Funes, J. (2018). *Quiéreme cuando menos me lo merezca... porque es cuando más lo necesito. Una guía para padres y maestros de adolescentes.* Barcelona. Paidós.

—. (2020). *Quiéreme... pero necesito que me cuentes más. Cómo educar para dar besos y abrazos, pasar de las drogas y ser persona en un mundo digital.* Barcelona. Destino.

Fuster, S. (2019). *Hijos que callan, gestos que hablan. Lo que los adolescentes dicen sin palabras.* Madrid. Espasa.

GONZÁLEZ, O. (2019). *Tus hijos y las nuevas tecnologías. Consejos y pautas para educarlos y protegerlos.* Barcelona. Amat.

GUEMBE, P., GOÑI, C. (2015). *Es que soy adolescente... y nadie me comprende.* Bilbao. Desclée de Brouwer.

GUZMÁN, M. (2019). *La transformación del adolescente. Guía para padres y profesionales.* Sevilla. Universo de letras.

LÓPEZ ROMERO, J. (2018). *El pequeño libro para mis hijos adolescentes.* Madrid. Alianza Editorial.

LUENGO, J. A. (2018). *El jardín de los abrazos.* Madrid. Sentir.

MAÑAS, P. (2018). *Soy un adolescente. ¿Y yo qué culpa tengo?* Madrid. Ediciones Maeva.

MASON, D. (2017). *Cómo educar adolescentes con valores.* Madrid. LID.

MEGÍAS, I. (2020). *Jóvenes, juegos de azar y apuestas. Una aproximación cualitativa.* Madrid. Centro Reina Sofía sobre Adolescencia y Juventud y FAD.

MESALLES, Q. *et al.* (2019). *La pequeña tribu. Terapia Gestalt aplicada a niños y adolescentes.* Barcelona. Comanegra.

MILLET, E. (2019). *Niños, adolescentes y ansiedad. ¿Un asunto de los hijos o de los padres?* Barcelona. Plataforma Editorial.

NELSEN, J., LOTT L. (2020). *Disciplina positiva para adolescentes. Empoderar a sus hijos adolescentes y a usted mismo a través de una paternidad amable y firme.* Barcelona. Medici.

ORCE, I. (2018). *¡Esta casa no es un hotel! Manual de educación emocional para padres de adolescentes.* Madrid. Grijalbo.

PELLAI, A., TAMBORINI, B. (2018). *La edad del tsunami. Cómo sobrevivir a un hijo preadolescente.* Barcelona. Paidós.

PERALBO, A. (2019). *Adolescentes. Tu hijo no es tu enemigo. Edúcalos sin miedo para conseguir una relación sana y positiva.* Madrid. La esfera de los libros.

Ramos-Paúl, R., Torres L. (2014). *Un extraño en casa. Tiembla, llegó la adolescencia.* Madrid. Aguilar.

Rodríguez, E., Ballesteros, J. C. (2019). *Jóvenes, ocio y TIC. Una mirada en la estructura vital de la juventud desde los referentes del tiempo libre y las tecnologías.* Madrid. Centro Reina Sofía sobre Adolescencia y Juventud y FAD.

Rojas-Marcos, L. (2016). *La familia. De relaciones tóxicas a relaciones sanas.* Madrid. Debolsillo.

Sáez, I. (2019). *Para entender a los adolescentes. La adolescencia y sus claves.* Madrid. Guíaburros.

Soutullo, C. (2017). *Convivir con niños y adolescentes con Trastorno por Déficit de Atención e Hiperactividad (TDAH).* Madrid. Panamericana.

Stenson, J. B. (2018). *Cómo tratar a los adolescentes. Guía para padres que quieren tener éxito.* Madrid. Ediciones Palabra.

Urra, J. (2000). *Charlando sobre la infancia.* Madrid. Espasa.

—. (2001). *El futuro de la infancia.* Madrid. Pirámide.

—. (2004). *Adolescentes en conflicto. 52 casos reales.* Madrid. Pirámide.

—. (2004). *Escuela práctica para padres.* Madrid. La Esfera de los Libros.

—. (2006). *El arte de educar.* Madrid. La Esfera de los Libros.

—. (2006). *El pequeño dictador. Cuando los padres son las víctimas.* Madrid. La Esfera de los Libros.

—. (2008). *¿Qué ocultan nuestros hijos? El informe que nos cuenta los secretos de los adolescentes y lo que callan sus padres.* Madrid. La Esfera de los Libros.

—. (2009). *Educar con sentido común.* Madrid. Aguilar.

—. (2009). *Secretos de consulta.* Barcelona. Planeta.

—. (2010). *Fortalece a tu hijo. Guía para afrontar las adversidades de la vida.* Barcelona. Planeta.

—. (2011). *Mi hijo y las nuevas tecnologías.* Madrid. Pirámide.

—. (2011). *Strengths for overcoming life's pitfalls (Síntesis de la Tesis Doctoral en la Cátedra de Educación Sanitaria).* Universidad Complutense de Madrid (UCM). Madrid.

—. (2012). *Trauma. Test de resistencia al trauma* [computer software]. Madrid. Instituto de Orientación Psicológica EOS.

—. (2013). *Respuestas prácticas para padres agobiados. Disfrutar educando.* Madrid. Espasa.

—. (2014). *Development and psychometric properties of the resistance to trauma test (Trauma). Psicothema, 26*(2),

—. (2014). *Psicohigiene. El cuidado de uno mismo y de los demás.* Madrid. Aguilar.

—. (2015). *El pequeño dictador crece. Padres e hijos en conflicto.* Madrid. La Esfera de los Libros.

—. (2017). *La huella del dolor. Estrategias de prevención y afrontamiento de la violencia de género.* Madrid. Morata.

—. (2017). *Primeros auxilios emocionales para niños y adolescentes. Guía para padres.* Madrid. La Esfera de los Libros.

—. (2018). *Déjale crecer. O tu hijo en vez de un árbol fuerte será un bonsái.* Madrid. La Esfera de los Libros.

—. (2018). *Educar con criterio, criterios para educar.* Madrid. Salvat.

—. (2018). *La huella del silencio. Estrategias de prevención y afrontamiento del acoso escolar.* Madrid. Morata.

—. (2018). *Nostalgia del más allá.* Madrid. Morata.

—. (2018). «Salud mental». En S. C. Enfoque Editorial (Ed.), *Avances en salud: Aspectos científicos, clínicos, bioéticos y legales*

—. (2018). «Violencia filio-parental. Teoría, evaluación y tratamiento. Un tsunami relacional». En Academia de Psicología de España (Eds.), *Psicología para un mundo sostenible*. Madrid. Pirámide.

—. (2019). *La huella de la desesperanza. Estrategias de prevención y afrontamiento del suicidio.* Madrid. Morata.

—. (2019). *90 minutos psicológicos. Apuntes para la vida cotidiana.* Madrid. Lid.

—. (2019). *La huella de la despersonalización. Estrategias de prevención y afrontamiento de las sectas y grupos fanáticos.* Madrid. Morata.

—. (coord.) (2009). *Más cerca del hogar.* Madrid. LID.

URRA, J., CLEMENTE, M. (coords.). (1997). *Psicología jurídica del menor.* Madrid. Fundación Universidad-Empresa.

URRA, J., CLEMENTE, M., VIDAL, M. A. (2000). *Televisión. Impacto en la infancia.* Madrid. Siglo XXI.

URRA, J., ESCORIAL, S., MARTÍNEZ, R. (2014). «Development and psychometric properties of the Resistance to Trauma Test (Trauma). *Psicothema*, 26 (2).

URRA, J., KAPLAN, G. (2018). *Psicofarmacología. Guía para profesionales de la salud, la educación y la justicia.* Madrid. EOS.

URRA, J., SANCHO, J. L., ATARÉS, E., BUALE, A., ISABEL, C. (2015). *Violencia Filio-Parental. Teoría, evaluación y tratamiento.* Madrid. Klinik.

VALLEJO-NÁGERA, A. (2012). *La edad del pavo. Cómo vivir con un adolescente y salir indemne.* Madrid. Booket.

VALVERDE, J. (2019). *40 marrones con hijos adolescentes y cómo afrontarlos... con cariño.* Madrid. Larousse.

WILCOX, B., ROBBINS, J. (2016). *Cómo abrazar a un erizo. 12 claves para conectar con un adolescente.* Madrid. Urano.

WINSTON, R. *et al* (2018). *Adolescencia. Una guía sin prejuicios para padres e hijos.* Madrid. DK España.

www.ingramcontent.com/pod-product-compliance
Lightning Source LLC
Chambersburg PA
CBHW032052020426
42335CB00011B/299

* 9 7 8 8 4 9 1 3 9 5 6 1 4 *